KB043435

'나는' 괜찮지 않아도
괜찮아

태은·진설·미정·소진·해수·서영 지음

한울림스페셜

고개를 들어
숨을 쉬어도 괜찮습니다

김원영
변호사, 〈실격당한 자들을 위한 변론〉 저자

세상에 비장애인만을 위한 모임이란 존재하지 않는다. 물론 장애인이 참여하기 어려운 '비장애인들만의 공동체'가 현실에는 무수히 많고, 또 이 사회 전체가 얼마 전까지는 '비장애인 모임'이었다고 말해도 무리가 아니다. 그럼에도 공식적으로 장애인이 아닌 사람임을 자신의 주요한 정체성으로 표방하는 모임은 없는데, 왜냐하면 '비장애인'은 거의 모든 경우에 표준이자 당연한 전제이기 때문이다. 이를테면 장애인 학생이 한 명도 없는 학교에 다니는 학생은 자신이 '비장애인 학교'에 다닌다고 스스로 생각하거나 그렇게 말할 필요를 느끼지는 않을 것이다.

비장애형제 자조모임 '나는'은 그런 점에서 다소 기묘한

구석이 있다. 표준에 해당하는 '비장애인'이라는 표지가 여기서는 장애인의 타자로서 전제되기 때문이다. 장애아를 낳거나 기르는 (비장애인) 부모는 아무리 아이의 장애를 중심으로 일상이 돌아가더라도 그들에게 장애란 삶의 어떤 시점에 찾아온 방문객이다. 반면 비장애인 형제에게 장애란 태어날 때부터 삶의 일부로서 존재한다. 그런데 자기 삶의 일부로 존재한 그 장애로부터 이들은 철저한 타자다. 가족이라는 세계는 장애를 중심으로 돌아가고, 가족 밖의 세계는 장애와 무관하게 흘러간다. 장애를 삶의 일부로 두었으나 장애인이 아닌 '비장애인'으로 분류되는 사람들에게는 '비장애인임'이야말로 일종의 타자성을 이루는 것이다. 이 기묘한 타자성 앞에서 자신을 설명할 길을 잃은 사람들이 바로 이 책의 저자들인데, 자신에 대한 언어를 찾아가는 이들의 모습이 나에게는 심장을 나눠 가지는 이야기처럼 보였다.

이 책에는 비장애인형제가 서 있는 복잡한 위치를 상징적으로 보여주는 장면이 여럿 등장한다. 그중 '진설'이 오빠를 떠나보내는 순간이 무엇보다 극명하다. 진설은 오빠를 표준으로 삼은 가족의 세계를 바깥 세계와 얼마간이라도 이어보려고 누구보다 애쓴다. 부모는 아들이 그저 안타깝고 안쓰러울 뿐이다. 아들을 너무 사랑한 나머지 그의 세계를 바깥 세계의 질서에 연결 짓기를 사실상 단념한다. 또 진설의 오빠가 병원에서 세상을 떠나는 순간 엄마와 아빠는 아들의 손을 붙잡고 작별인사를 하며 울지만, 진설은 오빠가 조금이라도 편하게 숨 쉴 수 있도록 자신의 양팔을 그의 목에 두르고 고개를 숙인 채 이 이별의 순간을 지탱한다.

이 책에 등장하는 비장애인형제들은 이렇게 자신을 타자로 만든 그 세계(가족)를 지탱하기 위해 고개를 숙인 경험을 공유한다. 누군가를 무너지지 않도록 지탱하려면 고개를 숙인 채 몸통과 팔다리에 힘을 모아야 한다. 이는 무게를 버티는 데 도움이 되는 자세이고, 눈물이 쏟아지는 일을 막아준다.

이 책을 읽으며 '비장애형제'인 나의 누나를 생각했다. 누나는 내가 수술을 받기 위해 부모님과 함께 서울의 병원으로 떠나면, 할머니 할아버지와 초등학교 저학년 시절을 보내야 했다. 형제의 장애 정도나 부모님의 돌봄 상황 등에 따라 차이가 있겠지만(신체적 장애는 저자들의 말처럼 정신적 장애와 다를 것이다), 비장애형제를 하나로 연결해주는 것은 어린 시절에 겪어야 했던 이 '정당한 소외'일 것이다. 누군가를 탓할 수도 없이 언제나 그것을 감당하는 것이 정당하다고 여겨지는 소외의 경험을 장애인인 나는 느끼지 않았다. 적어도 이십 대가 된 후에는 나를 사회로부터 배제하고 소외시킨 현실은 정당한 비판의 대상이었다. 나는 고개를 들 수 있었던 것이다. 하지만 나의 누나가 경험한 소외는 언제나 당연하고 감내해야 할 것으로 남았다.

비장애형제를 한 세계의 '타자'로 만든 것은 형제의 '장애'에서 비롯된 것이므로, 나는 이 책을 읽으며 어떤 종류의 안타까움과 미안함을 느꼈다(물론 그럴 필요가 없음을 알고 있다). '장애'가 나를 소외시켰고 나의 형제를 소외시켰다. 이 장애는 우리의 잘못이 아니며 사회 구조적인 문제와 밀접히 관련된 것이라는 (온당한) 주장도 별로 위로가 되지 않는 것 같다. 장애는 생생하게 가족 안에 자리 잡은 고통스러운 진실이기 때문이다.

그럼에도 나는 이렇게 말하고 싶다. 하나의 세계에서 소외되어 '타자'가 된 사람들이 모여 새로운 언어를 구사하게 되었을 때 어떤 놀라운 일이 벌어지는지를 가장 생생하게 증명하는 것도 '장애'의 역사라고. 나를 장애인으로 만들고 저자들을 '비장애인형제'로 만든 바로 그 장애가 우리를 '형제'라는 혈연관계를 넘어 더 큰 공동체로 연결할지도 모른다고.

추천의 글은 독자를 대상으로 써야겠지만 저자들에 대해 좀 더 생각하며 쓸 수밖에 없었다. 이들의 형제인 것이,

이들과 동시대를 살아가는 시민인 것이 나는 조금 벅차다고 생각했다. 독자 여러분도 이 마음에 참여하기를 바란다. 특히 여러분이 자신의 목과 어깨를 내밀어 누군가의 호흡을 편하게 만들어주며 세계를 버티는 비장애형제라면, 이제 고개를 들어 당신의 숨을 쉬어도 괜찮다고 이 책이 말해줄 것이다.

이 책을 읽는 분들께

이 책을 통해 여러분과 만나게 되어 참 반갑습니다. 한국 사회에서 장애인보다 더 생소한 존재인 '비장애형제'의 이야기를 듣고 싶어 하는 독자들은 과연 어떤 분들일지 궁금하네요. 아무래도 장애인의 가족이나 장애와 관련된 일을 하는 분이 많을 수 있지만, 그저 내 친구나 이웃, 사랑하는 주변 사람을 조금 더 이해하고 싶은 마음에 이 책을 집어든 분도 분명 있을 것이라고 생각합니다. '장애' 자체가 생소한 분들을 위해 다시 한번 정식으로 인사드릴게요. 저희는 정신적 장애인을 형제로 둔 청년들의 자조모임, '나는 (It's about me!)'입니다.

'나는'을 설명하는 '정신적 장애인'이나 '비장애형제'라는 단어가 낯설게 느껴질지도 모르겠어요. 우선 정신적 장애는 신체적 장애와 구분되는 개념으로, 발달장애와 정신장애를 포괄하는 말입니다. 발달장애는 정신이나 신체적인 발달이 나이만큼 이루어지지 않은 상태를 가리킵니다. 지적장애, 자폐성 장애, 뇌성마비, 염색체 장애 등이 발달장애로 분류되죠. 그리고 정신장애는 뇌 기능의 장애로 인해 건강상의 문제가 생기는 것을 말합니다. 느끼고, 생각하고, 행동하고, 타인과 상호 작용하는 데 어려움이 발생하는 상태라고 해요. 우리나라에서는 조현병이나 분열형 정동장애, 양극성장애, 반복성 우울장애, 이 네 가지 정신질환이 만성화된 경우를 정신장애로 분류하고 있어요.

발달장애와 정신장애는 서로 다른 유형의 장애여서 언뜻 공통점이 없는 듯 보일 수 있습니다. 하지만 정신적 장애인을 형제로 둔 우리가 성장하면서 경험하고 느끼고 생각한 것은 놀랄 만큼 비슷했습니다.

모든 비장애형제의 삶에는 한 가지 공통된 사실이 있습니다. 바로 자기 자신을 스스로 지킬 수 없는 어린아이일 때부터 가족 내에 자신보다 더 많은 관심과 돌봄이 필요한 존재가 있었다는 사실이죠. 그리고 그 가운데서 살아남기 위해 장애형제의 돌봄에 적극적으로 참여하는 '어른스러운 아이' 혹은 부모님의 말씀을 잘 듣는 '착한 아이'라는 전략을 선택한다는 것입니다.

또 장애형제를 바라보는 사회의 차별적인 시선을 알게 되면서 이에 맞서 싸우기도 하지만, 반대로 형제의 장애를 부끄럽게 여기며 남들 앞에서 장애형제의 존재를 숨기게 되기도 합니다. 가끔은 장애와 관련하여 여러 가지 어려움을 겪는 가족에 대한 연민으로 괴로워하기도 하죠.

그렇게 자라난 비장애형제는 성인이 되고 자립할 시기가 되면 어느 날 문득 '숨이 막힌다'라는 기분을 느낍니다. '내가 왜 이러지? 지금까지 잘살아왔는데?' 하고 스스로 반문해봐도 답을 찾지 못하다가 깨닫게 되죠. 가족을 살리려고 하다가 자기 자신을 돌보지 못했다는 것을요.

아동기에 내면에 잠재된 우울과 분노는 성인이 되었을 때 더 큰 문제가 될 수 있습니다. '나는'의 많은 비장애형제가 한 사람의 사회인으로 살아가면서 예상치 못한 어려움에 부딪히는 경험을 하고, 우울증을 겪거나, 심리상담이나 정신과 치료를 받습니다.

하지만 성인이 된 비장애형제가 도움을 구할 수 있는 곳은 많지 않습니다. 비장애형제에 대한 사회적 관심은 거의 없다시피 하니까요. 있다고 해도 복지관에서 진행하는 아동기 비장애형제를 대상으로 하는 '캠프'와 같은 일회성 이벤트인 경우가 대부분입니다.

'비장애형제'는 아동기에서 끝나는 정체성이 아닙니다. 생애주기의 모든 순간마다 장애형제의 영향을 받을 뿐 아니라, 최종적으로는 부모 사후에 장애형제를 책임져야 하는 존재가 비장애형제이죠. '나는'과 같은 자조모임이나 비장애형제에 대한 사회적 관심과 지원이 성인기에 더 필요한 이유가 바로 여기에 있습니다.

지난 몇 년간 자조모임을 이어오다 보니, 많은 비장애형제가 모임에 참여한 뒤에 비슷한 감상을 이야기한다는 걸 알게 되었어요.

"다른 비장애형제가 겪은 일이 모두 내 경험과 너무나 똑같아요!"

"우리는 왜 지금껏 만나지 못했을까요?"

"제가 '비장애형제'라는 이름으로 불릴 수 있다는 걸 처음 알았어요!"

왜 우리는 비장애형제에 대해 알지 못했을까요? 혹시 우리 사회에 '비장애형제의 서사'가 너무나 없기 때문은 아닐까요? 그나마 장애가정의 이야기는 책이나 영화에서 찾아볼 수 있지만, 아쉽게도 대부분은 장애인 당사자나 부모가 겪는 어려움에 초점을 맞추고 있습니다. 어쩌다 비장애형제가 등장하더라도 '4인 가족' 구도를 맞추기 위한 구색이거나 아무 존재감 없는 인물로 묘사됩니다. 혹은 가족에게 봉사하는 '천사 같은 아이' 아니면 장애형제의 존재를 부정하고 싫어하는 '반항아'로 등장합니다. 그러니 구체적으로 비장애형제가 어떤 존재이고, 다른 비장애형제는 어떻게 살아가고 있는지 알 방법이 별로 없습니다.

우리는 비장애형제의 서사가 지금보다 더 많이 쓰여야 한다고 생각합니다. 더 많이 말해지고, 이 세상에 더 널리 퍼지기를 바랍니다. 그래서 이 책을 통해 비장애형제가 장애가정 안에서 어떤 고민을 안고 어떻게 성장하는지 각자의 지극히 사적인 이야기를 공개하기로 했습니다. 아주 사소한 이야기까지 가감 없이 담아내다 보니 인명이나 지명은 모두 가상이지만, 그밖의 내용은 모두 실화를 바탕으로 한 것입니다. 무엇보다 한 개인의 서사가 아니라, 한국에서 살아가는 보편적인 비장애형제의 이야기라는 점을 강조하고 싶습니다. 더 많은 사람이 비장애형제의 이야기를 궁금해하고, 더 많은 사람이 비장애형제에 대해 이야기하는 계기가 된다면 참 좋겠습니다.

지금 이 책을 읽고 있는 당신이 만약 우리와 같은 비장애형제라면, 환영합니다. 당신은 혼자가 아니에요. 당신 말고도 많은 비장애형제가 각자의 자리에서 살아가고 있다는 사실이 위안이 되면 좋겠습니다.

혹시 당신이 장애아동과 비장애아동을 모두 자녀로 둔 부모님이라면, 직면해야만 했지만 차마 마주할 수 없었던 불편한 진실을 접할지 모릅니다. 그렇더라도 이 책이 비장애자녀와 좀 더 성숙한 관계를 맺는 데 도움이 되었으면 합니다.

그리고 만약 당신이 이 책을 쓴 여섯 비장애형제의 어머니, 아버지, 형제라면 부디 상처받지 않기를 바랍니다. 그 고통스러웠던 시간 속에서도 우리가 버틸 수 있었던 건 바로 당신들이 있었기 때문입니다. 또 당신들에게 사랑받고 싶다는 마음으로 그 시간을 견뎌낼 수 있었습니다. 이제 우리는 우리 자신을 사랑해보려 합니다. 쓸모가 있든 없든, 착하든 그렇지 않든, 있는 그대로의 우리를 껴안아 보려고 합니다.

마지막으로 자신만의 소중한 이야기를 들려주기로 마음먹은 여섯 명의 용감한 비장애형제에게 사랑과 응원을 보냅니다.

그럼 그동안 누구에게도 쉽게 말할 수 없었던 우리 비장애형제들의 이야기, 이제부터 시작합니다.

글 싣는 순서

추천의 글 _ 고개를 들어 숨을 쉬어도 괜찮습니다

들어가며 _ 이 책을 읽는 분들께

프롤로그 _ 그들의 첫 만남 17

태은 **나에게로 가는 길** 27

진설 **남겨진 사람** 71

미정 **당신들과 나 사이, 띄어쓰기** 111

소진 **말할 수 없었던 비밀** 163

해수 **우리가 처음 가족이 된 날** 201

서영 **일단 나부터 껴안아 보기로 했습니다** 233

에필로그 _ 그들의 일주일 257

프롤로그

그들의 첫 만남

나의 이름은 '비장애형제'

새해가 밝고 얼마 지나지 않은 어느 날이었다. 싸라기눈이 날리는 바깥 날씨와 달리 카페 안에서는 사람들이 가벼운 옷차림으로 둘러앉아 대화를 나누고 있었다. 그 왁자한 분위기 속에서 어색한 듯 웃으며 서로 인사를 나누는 네 명의 여자가 있었다. 그중 한 사람이 후- 하고 짧게 심호흡한 뒤 입을 열었다.

"각자 자기소개부터 해 볼까요? 저는 태은이고요, 한 살 차이 나는 여동생에게 자폐가 있어요."

세 쌍의 눈동자가 일제히 태은을 향했다. 설렘과 낯섦, 기대가 한 데 섞인 복잡한 눈빛이었다. 짧은 머리에 안경을 낀 여성이 잠시 눈치를 살핀 후 쾌활하게 얘기했다.

"저는 해수라고 합니다. 저도 세 살 아래 남동생이 자폐성 장애를 가지고 있어요."

긴 금발에 붉은 립스틱이 잘 어울리는 여성이 고개를 끄덕이며 뒤따라 입을 열었다.

"안녕하세요. 미정이라고 합니다. 저도 '그' 오빠가 있어요. 제가 요즘 통 집 밖에 나가질 못했는데, 오랜만에 나오니 정말 좋네요."

마지막으로 까만 머리에 까만 눈동자를 한 여성이 머뭇거리며 인사했다.

"안녕하세요, 진설입니다. 태은이와는 대학교 친구 사이예요. 가벼운 마음으로 같은 처지에 있는 사람들끼리 다같이 한번 만나보자고 말했었는데, 우리가 정말 이렇게 만나게 되네요. 저는 지금 대학원에 다니고 있고요, 음…, 아홉 살 많은 오빠가 있었어요…"

순간 진설이 말끝을 흐렸다. 태은이 가만히 진설 앞에 물잔을 놓아주었고, 진설은 그 손길을 잠시 바라보다 고개를 들었다.

"오빠는 조현병이었어요. 사실 저는 지금까지 오빠에 대해서 말해본 적이 거의 없어요. 3년 전에 태은이한테 말한 게 태어나서 처음이었죠. 오빠의 장애는 절대로 말해서는 안 되는 비밀이자 터부였으니까요."

진설의 얘기에 해수와 미정이 무슨 얘기인지 안다는 듯 크게 고개를 끄덕였다. 진설은 그들의 반응에 조금은 마음이 편해지는 것을 느꼈다.

해수가 눈을 빛내며 말했다.

"저도 동생의 장애를 숨겨야 한다는 생각이 늘 있었어요. 그러다 보니 아까 자기소개 할 때 곧바로 동생 이야기를 꺼내는 게 어색하기도 하고 신기하기도 했어요. 장애형제를 둔 사람끼리 만난 건 오늘이 처음이거든요. 혹시 여기 있는 분들은 다른 형제들과 만나본 적 있으신가요?"

태은이 살짝 손을 들었다.

"딱 한 번, 초등학교 고학년 때 비장애형제를 위한 캠프에 참여한 적이 있어요. 당시는 장애가 있는 동생을 부끄러워하는 마음이 컸던 시기였는데, 다른 사람들을 만나고 나서야 '나에게만 장애형제가 있는 게 아니구나'라는 생각을 할 수 있었죠. 그게 저에게 많은 위안을 주었어요."

미정도 반쯤 손을 들며 한마디 보탰다.

"저도 중학교 때쯤 그런 캠프에 가본 적이 있어요. 그 후로 늘 다른 비장애형제와 만나고 싶다고 생각했는데, 그럴 기회가 없었죠."

"비장애형제라…. 우리 같은 사람들을 '비장애형제'라

고 부르는군요?"

처음 듣는 단어에 해수가 고개를 갸웃거리며 말하자, 태은이 미소를 지으며 답했다.

"맞아요, 장애인의 비장애인 형제, 비장애형제. 미정 님처럼 저도 그 캠프 뒤로 비장애형제를 또다시 만날 기회가 없었지만, 캠프에 대한 기억은 좋게 남아있어요. 최근에 여러 가지 고민을 하게 되면서 다른 비장애형제는 어떻게 살아가고 있을지 궁금해졌어요. 만약 그때처럼 비장애형제를 다시 만나게 된다면 무엇인가 답을 찾을 수 있지 않을까, 생각하게 됐고요."

우리는 혼자가 아니다

네 사람의 대화는 카페에서 식당으로 자리를 옮겨 식사를 모두 마칠 때까지 계속되었다. 내 형제자매의 장애를 어릴 때는 어떻게 생각했는지, 진로를 선택하는 데 장애형제가 어떤 영향을 미쳤는지, 부모님과의 관계는 어땠는지 등

등 도무지 이야기를 멈출 기미가 없었다. 때로는 고개를 끄덕이고, 손뼉을 치고, 웃고, 눈물을 흘리기도 하면서 밀도 높은 대화를 이어갔다. 네 사람은 오늘 처음 만난 사이라고 믿기 어려울 정도로 공통점이 많았다.

"우리가 비슷한 생각과 감정을 가진 걸 보니, 나를 설명하는 여러 가지 중에 비장애형제라는 게 정말 큰 요소로구나, 하는 생각이 드네요."

미정의 말에 해수가 덧붙였다.

"저는 솔직히 제가 '비장애형제'라는 이름으로 불릴 수 있다는 것도 오늘 처음 알았어요. 누가 저를 그렇게 부른 적도 없었고, 또 저 자신도 '나는 비장애형제다'라고 깊이 생각해본 적이 없었죠. 첫 만남에 우리가 이렇게 많은 이야기를 하게 될 줄 몰랐어요."

진설도 고개를 끄덕였다.

"맞아요. 제가 비장애형제에 속한다는 것, 또 '우리'라는 이름으로 묶일 수 있다는 걸 알게 되어서 저도 너무 기뻐요. 우리 또 만나서 얘기 나누면 좋을 것 같아요."

잠자코 듣고 있던 태은이 처음 만난 순간부터 말하고 싶었던 문장을 입 밖으로 뱉었다.

"아예 모임을 만드는 게 어때요?"

모두가 미소를 지으며 서로 눈빛을 교환했다.

"좋아요. 다른 비장애형제도 만나보고 싶어요!"

진설이 조금 고민하다 입을 뗐다.

"모임을 만든다면 미국의 알코올 중독자 모임인 'AA(Alcoholics Anonymous)' 같은 형태가 좋을 것 같아요. AA는 알코올중독이었던 사람들이 모여서 술을 끊을 수 있도록 서로 돕는 모임인데요. 그들이 겪는 어려움은 우리와 다르지만, 공통점이 있는 사람들이 새로운 삶을 살기 위해 함께 모여 서로를 돕는다는 점은 똑같을 수 있을 것 같아요."

"저도 비슷한 생각이에요. 비장애형제가 자신의 이야기를 편하게 할 수 있고, 자신과 같은 처지에 있는 비장애형제의 어려움을 교감하고 연대하며 함께 성장하는 모임. 이런 걸 자조모임이라고 하더라고요. 어떤 특별한 경험을 공통으로 가진 구성원이 서로를 지지하고 격려하며 '자신을 스스로 돕는 모임'이라는 의미인 거죠."

태은이 진설의 말에 좀 더 설명을 덧붙이자, 해수도 양

손을 맞잡으며 의견을 보탰다.

"맞아요. 여러분과 만나기 전까지 전 여태껏 저만 힘든 줄 알았거든요. 다른 사람은 다 멀쩡히 잘만 살아가는데 제가 부족하고 못나서 어려운 줄 알았어요. 그런데 오늘 처음으로 나만 힘든 게 아니라는 걸 알고 얼마나 위안이 되었는지 몰라요. 저 같은 사람들을 위해서라도 정말 필요한 모임인 것 같아요."

진설이 해수를 살짝 토닥이며 말했다.

"맞아요. 해수 님처럼 다른 비장애형제도 자신이 느끼는 어려움이 '진짜'인지 아닌지 매일 의심하고 있을 거예요. 자신도 도움이 필요하다는 걸 알지 못한 채로요. 아니 도움받을 만한 자격이 있다는 생각조차 하지 못한 채로 말이에요."

"혼자가 아니라는 걸 알았으면 해요, 비장애형제들이."

미정이 나직하게 말하자, 다른 세 사람도 마치 자기 자신에게 각인시키려는 듯 이 문장을 되뇌었다.

'우리는 혼자가 아니다. 혼자가 아니다….'

스스로에게 던지는 한마디, '나는'

"아, 그럼 모임에 이름이 필요하지 않을까요?"

태은이 퍼뜩 생각난 듯이 묻자, 잠시 정적이 흘렀다. 미정은 양손을 관자놀이에 대고 고민에 빠진 듯 미간을 찌푸렸다. 어느 순간 해수가 아, 하고 탄성을 내뱉으며 말했다.

"오늘 여기 오기 전에 찾아봤는데요, 아동기 비장애형제를 위한 외국책 중에 〈What about me?〉, 그러니까 우리말로 '나는?'이라는 제목의 책이 있더라고요. 저는 '나는?'이라는 질문이 많은 비장애형제의 마음속에 있다고 생각해요. '엄마, 나는?' 하고 묻고 싶었지만 그럴 수 없었던 어린 시절의 나부터, 내가 아닌 장애형제나 가족을 삶의 중심에 두고 살아가는 성인이 된 나까지. 그런 자신에게 스스로 안부를 묻는다는 의미로 '나는?'이라는 이름을 붙이면 어떨까요?"

진설이 해수의 말을 잠시 곱씹다가 새로운 제안을 했다.

"해수 님이 방금 말한 그런 의미라면 차라리 '나는!' 하고 선언을 하는 건 어떨까요? '나는?'이라는 물음을 안고 살아온 우리가 내 정체성과 삶의 의미를 스스로 찾아 나간다는 의미를 담아서 '나는!'이라고 외치는 거죠."

"너무 좋아요!"

순간 미정이 자기도 모르게 주먹을 불끈 쥐며 말했다. 그런 미정의 모습에 태은이 웃음을 터뜨렸다.

'나는!'

태은은 속으로 나지막하게 다시 한번 읊조려보았다. '나는!'이라는 선언은 지금의 태은에게 너무나 필요한 한마디였다. 사실 태은은 최근 들어 몇 달간, 아니 어쩌면 평생을 자신이 너무나 무거운 짐을 지고 혼자서 길을 걷고 있다는 부담감을 안고 있었다. 하지만 이날 진설과 해수, 미정의 웃는 얼굴을 마주하자, 이 길을 나 혼자만 걷고 있는 것이 아니라는 생각에 어깨가 가벼워졌다.

그날 네 사람은 그렇게 '우리'이자 '나는'이라는 이름으로 하나가 되었다.

태은

나에게로 가는 길

특별한 일은 없었다. 그런데도 태은은 손가락 하나 움직일 힘도 없어서 가만히 벽에 비친 창문 그림자를 바라보고 있었다. 9월에 접어들었는데도 늦여름의 열기가 여전히 아스팔트를 달구고 있었고, 저녁이 되었는데도 날이 저물 줄을 몰랐다. 더위를 먹은 걸까. 과제도 일도 해야 하는데 도무지 시작할 엄두가 나지 않았다. '힘들다'라는 생각이 머릿속을 떠나지 않았다. 태은은 지금 자신의 몸과 마음의 상태가 심상치 않다고 느끼면서도 동시에 이런 자신을 나약하고 한심하다고 느꼈다.

'뭐가 힘들어? 몸 건강하고 하고 싶은 공부 하면서 복에 겨운 소리 하고 있네. 내가 이런 소리 하면 안 되지. 나보다 더 고생하는 사람도 있는데.' 태은의 눈앞으로 어머니와 동생 태연, 가족의 모습이 스쳐 지나갔다. 그들에 비하면 태은이 느끼는 어려움은 아무것도 아니다. 가족 중에서 가장 자유롭게 사는 사람을 꼽자면 그건 태은일 테니까.

사랑받기 위해 달려오다

'아, 집에 전화해야 하는데….'

요 며칠 바쁘다는 핑계로 전화하는 걸 까맣게 잊고 있었다는 게 떠올랐다. 몇 년 전 대학 진학을 위해 홀로 서울에 올라온 뒤로 태은은 하루도 빠짐없이 어머니에게 전화해 집안 사정을 살펴왔다. 그때마다 어머니는 동생의 교육에 대한 고민과 자신의 힘든 사정을 태은에게 털어놓았다. 동생 태연은 중증의 발달장애가 있다. 특수학교를 졸업하고 지금은 주간보호센터에 다니고 있는데, 동생과 잘 맞는 센터 혹은 동생을 받아주는 센터를 찾기가 여간 어려운 게 아니었다. 어머니는 고민이 이만저만이 아니었고, 태은은 그때마다 자신의 전공인 사회복지학의 지식을 발휘해 이런저런 참견을 해왔다. 그렇게라도 어머니에게 도움이 된다는 것이 좋았다. '태은이 너한테만 이런 고민을 얘기할 수 있어.'라는 어머니의 그 말이 듣기 좋았다.

태은은 휴대폰을 들어 통화 목록을 눌렀다.

'📞↗ 엄마'

빼곡한 화살표가 태은이 어머니에게 전화를 건 무수한 날을 기록하고 있었다. 그 화살표들은 마치 어떤 시선처럼 느껴지기도 했다. 어머니를 바라보는 태은의 시선. 어머니만을 향한 태은의 일방적인 시선. 어머니의 시선이 태은을 향한 적은 없었다. 태은은 물끄러미 통화 목록을 내려다보다가 이내 휴대폰을 내려놓았다. 왜일까. 통화 버튼을 누르고 싶지 않았다.

그동안 정말로 바빠서 전화를 못 한 것인지, 아니면 그 핑계로 일부러 전화하지 않은 것인지 사실은 태은 자신도 알 수 없었다. 태은은 늘 어머니와 친구 같은 사이가 되고 싶었고, 어머니에게 힘이 되는 존재가 되고 싶었다. 하지만 이런 일방적인 관계를 친구 사이라고 할 수 있을까. 늘 어머니가 하는 말을 듣기만 하는 관계. 태은도 자신의 고민을 말하고 싶었지만, 대화가 잘 안 되었다. 그때마다 어머니는 자신의 바람을 담은 말만 돌려주기 일쑤였다.

'너는 잘할 거야. 널 믿어. 너라도 잘해야지.'

엄마가 힘든 건 알지만…. 내가 힘이 되어주어야 하는 건 알지만…. 체한 듯 가슴이 답답했다. 무거운 돌덩이가 가슴을 짓누르는 것 같았다. 주먹을 들어 가슴을 쳤다. 시원하지 않았다.

차라리 이 세상에서 사라져버릴까? 그러면 좀 편해질 수 있을까? 그럼 누군가는 슬퍼해줄까?

그러다 퍼뜩 정신이 들었다. 삶을 놓아버릴 생각까지 하다니. 이건 자신이 온전한 상태가 아니라는 의미였다. 언젠가 심리학책에서 읽은 '죽음을 생각하는 건 우울증의 증상'이라는 구절이 떠올랐다. 부족한 것 없이 멀쩡하게 잘

살고 있는데 내가 우울증인 걸까? 왜 나는 강하게 마음먹지 못하고 징징대기만 할까. 이런 내 상태를 엄마가 알면 걱정하시겠지. 아니, 나약하다고 꾸중하실까? 그러면서도 태은은 지금 자신의 상태가 정상적이지 않다는 생각을 떨칠 수 없었다. 뭐든 혼자서 잘 해내는 딸로 살아왔지만, 지금은 도움이 필요했다. 교내 학생상담센터를 떠올린 태은은 곧바로 연락처를 찾아내 전화를 걸었다.

상담받기로 한 날, 태은은 긴장한 탓에 조금 일찍 센터에 도착했다. 20분 정도 기다려야 해서 로비에 있는 벤치에 앉아 가만히 주변을 둘러보았다. 상담받기 위해 들어오는 사람, 상담을 마치고 돌아가는 사람들로 조용한 가운데 분주함이 느껴졌다. 다들 무슨 고민이 있어서 온 것일까? 사실 태은은 자신이 무슨 이야기를 하고 싶은 건지 알 수 없었다. 그런데도 이곳에 온 건 상담받는 게 헛되지 않으리라고 생각했기 때문이다. 사전 심리검사에서 자신이 심한 우울 상태라는 결과가 나온 것이다. 아프다는 걸 확인받고 나니 오히려 마음이 편안했다. 마치 마음껏 아파해도 된다고 허락받은 것 같았다. 이제 나도 힘들다고 말해도 되는 걸까?

"태은 씨, 맞으시죠? 이쪽으로 오세요."

사십 대 초반으로 보이는 여성 상담사가 태은의 이름을

불렀다. 그리 크지 않은 상담실은 아늑했다. 어디선가 포근한 향기도 나는 것 같았다. 태은이 푹신한 소파에 앉아 등을 기대자, 상담사가 편안히 쉬는 느낌으로 앉으라며 담요를 건네주었다. 본인 소개를 간략히 마친 상담사가 대화의 주제를 태은에게로 돌렸다. 오늘은 태은의 상황을 탐색하는 날이니 부담 갖지 말고 편하게 이야기하라는 말도 덧붙였다. 태은은 무슨 말을 해야 할지 모르겠다고 말하며 어색하게 미소 짓다가, 곧 푹신한 소파와 부드러운 담요에 몸을 깊이 묻으며 입을 열었다.

"음…, 지금 대학원 석사 과정을 3학기째 다니고 있고요, 지도교수님 연구실에서 일도 하고 있어요. 요즘 제일 많이 하는 생각은 졸업하고 제대로 자리를 잡을 수 있을까, 하는 거예요. 졸업 논문 주제를 뭐로 잡아야 할지 감도 안 오고요. 그래서인가? 자꾸 힘들다는 생각이 들어요."

대학원 얘기를 꺼내고 나니 연구실 생활의 어려움에 대해 더 얘기하고 싶어졌다.

"연구실에서 일하는 선후배 모두 좋은 사람들인데도 왠지 위축되는 기분이 들어요. 일하면서 혹시 실수하지는 않을까, 잘못하면 어쩌지, 하는 걱정을 매일 해요."

"실제로 실수한 적이 있었나요?"

"아뇨, 그런 적 없어요. 그냥 실수하지 않고 잘하려고 노력을 많이 기울이는 편인 것 같아요."

상담사가 그럼 일상생활에서 긴장을 많이 하겠군요, 라고 말하며 노트에 뭔가를 기록했다. 태은은 그런 것 같다고 하며 고개를 끄덕이다 또 다른 주제가 떠올라 말을 이었다.

"남자친구가 있는데…, 요즘 들어 부쩍 서운한 감정이 많이 드는 것 같아요. 남자친구가 다니는 회사는 아주 바쁘거든요. 일한다고, 회식한다고 연락이 안 될 때가 많은데, 그러면 괜히 기분이 울적해져요. 어쩔 수 없다는 걸 알면서도 왠지 저 혼자만 계속 기다리는 것처럼 느껴져요."

"남자친구에게 이런 얘기를 해 보았나요?"

"아니요. 바빠서 그런 건데 어쩔 수 없잖아요."

"그래도 남자친구가 바쁜 거랑 태은 씨가 서운한 감정을 느끼는 거랑은 별개가 아닐까요? 얘기하면 남자친구가 배려할 수도 있을 텐데요."

"글쎄요. 그래도 별로 말하고 싶지 않아요. 괜히 징징대는 것처럼 보일까 봐 싫어요."

"애인 사이인데 좀 징징대면 안 되나요?"

상담사가 농담처럼 웃으며 하는 말에 태은은 그러게요, 하며 말끝을 흐렸다. 그런 말을 하면 좋아하지 않을 것 같아요, 라는 태은의 말에 상담사는 다시 고개를 끄덕였다.

"남자친구가 태은 씨를 싫어하게 될까 봐 서운하다는 말을 못 했군요. 자, 그럼 이번에는 태은 씨의 가족 관계는 어떤지 얘기해볼까요?"

날 싫어할까 봐 말하지 못한 거구나, 하며 미처 몰랐던 자신의 속마음을 알고 깜짝 놀란 것도 잠시, 태은은 상담사가 꺼낸 '가족'이라는 단어에 갑자기 숨이 막혔다. 입을 열어 뭐라고 말하고 싶었지만, 가슴 아래에서 뜨거운 기운이 울컥 차올라 입만 뻐끔거렸다.

"제 가족은…"

엄마, 아빠가 계시고 저는 4남매 중 둘째예요, 라는 짧은 문장이 입안에서만 맴돌다 사라졌다. 갑자기 눈물이 가슴 밑바닥에서부터 차올랐다.

"저는…"

딸 셋에 막내아들이 있고 저는 그중에서 장남 같은 둘째 딸이에요, 라고 가볍게 말하고 싶었지만, 그 시도는 실패로 끝나고 말았다. 왜 눈물이 나는지 알 수 없어 당황한 태은은 제가 왜 이러죠, 라고 말하며 상담사의 눈치를 살폈다. 상담사는 인자한 미소를 지으며 괜찮다고 말했다. 그 미소에 마음이 좀 가라앉은 태은은 목까지 차오른 울음을 삼키며 말을 이어가려고 애를 썼다.

"제게는… 발달장애가 있는 동생이 있어요."

간신히 이 말을 내뱉음과 동시에 둑이 터지듯 눈물이 쏟아졌다. 가슴 안쪽에서 어떤 응어리들이 자꾸 올라와서 태은의 마음을 아프게 눌렀다. 태은은 처음 보는 상담사 앞에서 어린아이처럼 엉엉 소리 내어 울었다.

왜 그랬을까…? 집으로 돌아가는 길, 태은은 가파른 언덕이 연이어 나타나는 골목길을 천천히 걸어 오르며 한참 울어 부은 눈을 손끝으로 더듬어 보았다. 눈가가 따끔거렸다. 처음 본 사람 앞에서 소리 내어 통곡했다는 사실에 살짝 낯이 뜨거웠다. 실컷 울고 나니 속이 후련하면서도 기분이 아리송했다.

왜 울었을까? 동생이 발달장애인이라고 얘기하는 게 그렇게 힘들었나? 태은은 어린 시절을 제외하고 자신에게 장애형제가 있다는 사실을 부끄러워해 본 적이 없었다. 동생의 장애가 자신을 힘들게 한다고 여겨본 적도 없었다. 오히려 동생을 위해서 사회복지를 공부하겠다고 했던 태은이었다. 그런데 왜?

지잉-. 어깨에 메고 있던 에코백에서 진동이 느껴졌다. 가방 안을 더듬었지만, 노트와 필기구, 다이어리, 지갑이 뒤엉켜 휴대폰이 손에 잡히지 않았다. 가방을 벌려 안을 찬찬히 들여다보니 노트 사이에서 불빛이 반짝였다. '엄마'

"응, 엄마-."

"뭐 하다가 이렇게 전화를 늦게 받니?"

다짜고짜 쏘아붙이는 어머니의 목소리가 매서웠다. 심기가 심상치 않은 게 분명했다. 태은이 휴대폰을 어디 뒀는지 몰라서, 라고 황급히 대답했지만, 휴대폰 너머로 들려오는 목소리는 여전히 날카로웠다. 태은이 안부 전화를 잊은 며칠 동안 어머니는 울리지 않는 전화벨에 화를 차곡차곡 쌓아둔 모양이었다.

"너 어떻게 된 애가 며칠째 연락도 없어? 가족들이 어떻게 사는지, 집에 별일은 없는지 걱정도 안 돼?"

태은은 그동안 바빠서 정신이 좀 없었어, 하고 반사적으로 변명을 하다가 순간 멈칫했다. 왜 나만 연락해야 해? 왜 나만 가족을 걱정해야 해? 상담을 통해 마음이 들쑤셔진 탓인지 처음 느껴보는 감정이 올라왔다. 억울했다. 엄마는 오늘 내게 무슨 일이 있었는지 알기나 해? 나는 걱정이 안 돼? 화가 났다. 왜 아무도 나는 걱정을 안 해줘? 그럼 난 누가 걱정해줘? 서운했다. 태은은 머릿속에서 뒤엉킨 수많은 말 가운데 하나를 골라 입 밖에 꺼냈다.

"그럼 엄마가 연락하면 되잖아. 왜 꼭 내가 먼저 연락해야 해?"

엄마는 잠시 말이 없었다. 언제나처럼 태은이 먼저 미안하다고 말해올 줄 알았는데 전에 없이 까칠하게 나오니 당황한 것 같았다.

"너까지 엄마를 걱정시켜야겠니?"

침묵도 잠시, 어머니는 너라도 잘해야 하지 않겠냐며 태은을 나무랐다. 너를 믿기 때문에 걱정하지 않는다고도 했다. 태은은 그 말에 또 반항심이 솟구쳤다. 나도 좀 걱정해주면 안 되나? 난 항상 잘해야만 하나? 지금까지 엄마가 내 걱정을 하지 않을수 있었던 건 그만큼 내가 노력했기 때문이잖아. 그러기 위해 내가 얼마나 아등바등 온 힘을 다해 살고 있는데. 늘 잘하다가 한 번 못했다고 이렇게 크게 혼나야만 하나? 뒤늦게 사춘기가 왔는지 오늘은 어머니를 향한 말과 생각이 온통 날카로웠다.

"나도 바빠서 그랬다고! 엄마, 나 오늘…"

"그래, 바쁜데 방해 안 하마."

뚝-. 태은이 미처 말을 끝내기도 전에 전화가 끊겼다. 엄마가 걱정하지 않도록 믿음직한 딸로 살아왔던 것이, 엄마가 너무 안쓰러워서 세심하게 살피는 딸로 살아왔던 것이 이런 응답으로 돌아왔다. 엄마에게 내 고민을 말하고 싶었던 것뿐인데. 엄마가 나도 걱정해주길 바랐을 뿐인데. 나도 엄마 딸인데. 엄마 자식인데.

'엄마, 나도 힘들어.'

너무 많이 울어 말라버린 줄 알았던 눈물이 다시 태은의 눈에 차올랐다.

시작은 '비장애형제'에서부터

도로 양옆으로 늘어선 은행나무가 하나둘 잎을 떨구더니 쌓인 잎들로 인도에 노란 길을 만들었다. 태은은 일부러 은행잎 속에 발을 깊이 묻으며 걸었다. 바삭바삭 낙엽이 발바닥을 스치는 소리가 상쾌하게 들렸다. 오랜만에 친구 진설을 만나러 가는 길이었다. 진설과 이야기를 나누어보면 지금의 답답한 마음도 조금은 덜어지리라. 진설은 대학 시절부터 알고 지낸 사이인 데다가 둘 다 장애가 있는 형제가 있어서 최근에 시작된 고민을 나누기에 더없이 좋은 상대였다.

그날 이후 태은은 겉으로는 어머니와 아무 일이 없는 듯 지내고 있었지만, 전화하는 횟수는 현저히 줄었다. 하루에 한 번 매일 하던 전화가 일주일에 한 번이 되었다. 어머니도 태은의 변화를 눈치챈 것 같았지만 그에 대해 아무런 언급을 하지 않았다. 두 사람 사이에 전에는 없던 벽이 생긴 게 분명하고, 두 사람 다 그 벽을 느끼고 있었지만, 어머니도 태은도 모르는 척했다. 그렇다고 태은이 정말 아무렇지도 않은 건 아니었다. 집에 전화를 너무 오랫동안 하지 않았다는 생각이 들 때마다 자신이 나쁜 짓을 하는 것만 같아 가슴이 답답했다.

태은의 마음속에서 일어난, 전에 없던 변화는 계속되고 있었다. 태은은 일주일에 하루, 딱 한 시간뿐인 상담 시간만을 기다리며 한 주를 보냈다. 자기 자신에게 관심을 기울이고 자신이 지금 어떤 상태인지 살펴보는 그 시간이 특별했다. 나, 태은이라는 사람에 대해 이렇게까지 깊이 관심을 가져본 적이 언제 있었던가? 지금까지 살아오면서 태은의 시선은 대부분 동생과 어머니를 향하고 있었다. 그래서일까? 특히 상담사가 '그때 어떤 마음이 들었나요?'라는 질문을 던질 때마다 대답하기가 너무 어려웠다. 당시에 자신이 어떤 감정을 느꼈는지 떠올리고 그 감정에 이름을 붙이기까지 시간이 한참 걸렸고, 그러고도 끝내 '잘 모르겠어요.'라고 대답하기 일쑤였다.

상담사는 이런 태은에게 감정 단어가 빼곡히 적힌 종이를 건네주며 자신의 마음 상태에 알맞은 단어를 찾아보라고 했다.

'안타깝다' 동생 태연이 거실에 앉아 가위로 종이를 자르는 모습이 떠올랐다. 태연은 주간보호센터에서 돌아온 오후 네 시부터 저녁까지 종이를 가루 수준으로 잘게 자르면서 시간을 보냈다. 요즘은 발달장애인도 직업훈련을 받아 취업도 하고 다양한 교육을 통해 예술가로 활동하는 일이 많다고 하지만, 기능이 낮은 중증발달장애인 태연이 참여할 수 있는 일은 아무것도 없었다. 그저 종이를 자르며 시간을 흘려보낼 뿐. 태은은 안타까운 마음에 함께 영화를 보러 가거나 쇼핑을 하러 나가며 동생에게 사회 경험을 시켜주려고 애를 썼지만 그런 노력이 태연의 삶에 미치는 영향은 미미했고, 태은은 무력감을 느꼈다.

'**밉다, 불쌍하다**' 어머니, 아버지가 싸우던 모습이 떠올랐다. 아버지는 태연의 장애를 쉽게 받아들이지 못했다. 장애를 부끄럽게 여겨 다른 사람에게 선뜻 태연에 대해 말하지 못했고, 또한 태연의 교육에도 무관심했다. 어머니는 홀로 애를 썼고, 이 때문에 두 사람은 자주 언성을 높이곤 했다. '누구네 아빠는 엄마보다 더 나서서 부모 모임에 나오고 회장도 하고 그러는데, 당신은 어떻게 자식한테 관심이 없어?', '그러는 당신은 하는 게 뭐가 있어?' 어린 태은은 아버지가 미웠다. 혼자 태연을 데리고 다니며 고군분투하는 어머니가 불쌍했다.

'**두렵다**' 가장 두려웠던 건 어머니로부터 버림받는 것이었다. 어린 시절 태은은 자신마저 엄마를 힘들게 하면, 그렇지 않아도 동생 때문에 힘든 엄마가 너무나 힘든 나머지 죽어버리거나 집을 떠날지도 모른다고 생각했다. 태은의 눈에 비친 어머니는 늘 고통과 희생을 감내하는 모습이었다. 그래서 어머니와 떨어져 외딴 방에서 언니와 단둘이 자야 할 때도, 어머니가 태연을 화장실에 데려다주는 동안 혼자 버스 안에 남겨졌을 때도 태은은 무섭다고, 나도 엄마와 함께 있고 싶다고 말하지 못했다. 자신이 원하는 걸 입밖에 내는 순간 어머니가 자신을 버릴까 봐 불안했다. 어머니가 떠나지 않기를 바랐기에, 그리고 자신을 바라봐주기를 원했기에 언니가 휴대폰을 사달라고 조를 때도, 남동생이 새 책상을 사달라고 조를 때도 어린 태은은 입을 꾹 다물었다. 자신은 아무것도 원하지 않는 착한 아이, 어머니의 마음을 이해하는 일찍 철이 든 아이가 되어야 했다. 그래야 엄마가 다른 형제들보다 착한 자신을 더 사랑해줄 테니까.

자라면서는 어머니의 상담자가 되었다. 어머니는 가족과 관련한 일을 태은과 의논했다. '네 언니한테는 이런 얘기 못 해. 태은이 너니까 하는 말이지.' 시간이 지날수록 어머니가 태은에게 고민을 털어놓는 횟수는 점점 더 많아졌고, 고민의 주제도 다양해졌다. 태연의 교육과 진로에 관한 고민, 아빠와의 관계, 시댁 식구들이 자신을 힘들게 했던 일, 자신의 못다 이룬 꿈….

"너에게만 이런 얘기를 할 수 있어."

어머니는 다른 형제에게는 말하지 않는 것을 태은에게만은 이야기했다. 그러면 태은은 자신이 어머니에게 특별한 존재로 인정받은 것 같아 기뻤다. 칭찬받기 위해 더 자주 마음을 숨기고 더 착한 아이가 되어갔다. '내가 더 잘해야 해. 나중에 커서 돈도 많이 벌고, 사회복지를 공부해서 동생도 내가 돌봐야지. 그럼 엄마가 힘들어서 나를 떠나는 일은 없을 거야. 엄마가 나를 더 사랑해줄 거야.'

상담이 진행되는 동안 태은은 자기 자신에 대해 많은 사실을 알게 되었다. 자신이 실수 없이 모든 걸 완벽하게 잘

해내려고 하는 성향을 가지고 있다는 것. 그리고 마치 해결 사처럼 태연의 교육을 비롯한 가족과 관련된 일에 적극적으로 나선다는 것. 무엇보다도 그 이유가 자신이 정말로 완벽주의자이거나 착해서라기보다는 그렇게 해서라도 가족 안에서 존재감을 확인받고 싶기 때문이라는 걸 알았다. 태은은 자신이 잘하지 않는다면, 노력하지 않는다면 가족 안에 자신의 자리는 없다고 생각하고 있었다.

　태은은 이제야 지금까지 살면서 했던 수많은 선택이 자신의 의지가 아니라 유기불안과 인정욕구에 쫓긴 결과임을 깨달았다. 가족 안에서 형성된 불안과 인정욕구는 이제 가족 밖에서도 태은을 움직이고 있었다. 학교에서는 잘한다고 인정받기 위해 늘 긴장하며 신경을 곤두세웠고, 연인과의 관계에서는 사랑받기 위해 원하는 걸 말하지 못하고 참고 있었다. 자신이 뭘 원하는지 모른 채 사랑받고 인정받기 위해 다른 사람의 요구에 맞춰 살아가는 것. 그것이 현재의 태은이었다. 만약 장애인의 형제가 아니었다면 겪지 않을 수 있는 일이었을까? 행복할 수 있었을까?

　　　　　약속 장소인 카페에 도착하니 진설이 벌써 햇볕이 따뜻한 창가에 자리를 잡고 앉아있었다. 진설은 태은의 안색을 잠시 살피더니 당 충전이라도 하자며 태은에게 케이크를 고를 선택권을 주었다. 태은은 초콜릿 시럽을 듬뿍 뿌린 케이크를 골랐다. 당분의 힘을 빌려서라도 텅 비어버린 것 같은 마음을 채우고 싶었다.

둘은 뜨거운 김이 모락모락 올라오는 커피와 케이크를 받아 들고 자리에 앉았다. 케이크 한 귀퉁이를 포크로 살며시 베어내어 입에 문 태은은 몸 안으로 퍼지는 당분에 의지해 최근에 받은 상담과 혼란스러운 감정을 털어놓았다.

"난 이제까지 살아오면서 내가 비장애형제여서 힘들다고 생각한 적이 한 번도 없거든. 그건 너도 알지? 내가 사람들을 만나면 처음 하는 소개가 나한테는 발달장애인 동생이 있다는 거잖아."

"알지. 내가 그때 얼마나 충격을 받았는데."

진설은 태은을 처음 만난 신입생 환영회를 떠올리고 있었다. 태은은 그날 바로 자신의 동생이 발달장애라고 이야기했지만, 진설이 조현병을 앓는 오빠 이야기를 태은에게 꺼내기까지는 무려 6년이라는 시간이 걸렸다. 진설이 아주 어릴 때부터 진설의 부모님은 사람들이 오빠의 조현병을 알게 되면 모두 떠나갈 것이라고 경고했다. 이렇게 해서 절대 말할 수 없는 비밀을 이십 년 동안 품에 안고 살아온 진설은 해맑게 장애인 동생 이야기를 하는 태은의 태도에 머리를 맞은 듯한 충격을 받았다고 했다.

태은이 쑥스러운 듯 웃으며 말했다.

"솔직히 말하면, 그때 난 너를 잘 이해하지 못했던 것 같아. '장애형제가 있다는 게 왜 문제야?'라고만 생각했지. 장애형제는 축복인데 왜 부끄러워할까, 이러면서 말이야."

태은의 어머니는 종종 동생 태연 덕분에 사회의 또 다른 측면을 볼 수 있는 시각을 갖게 되었다며, 장애인의 가족인 것은 '축복'이라고 말하곤 했다. 태은 역시 그 말이 맞는다고 믿었다. 하지만 과연 그럴까? 대학에 입학해 새로운 친구를 사귈 때마다 자기 자신보다는 장애형제 이야기를 꺼내는 게 먼저였던 스무 살의 태은은 어떤 마음이었을까. 그건 태은이 장애인의 언니로서 자신의 역할을 매우 중요하게 여겼다는 의미이기도 하지만, 동시에 그것 말고는 자신을 설명할 다른 언어가 없다는 의미이기도 했다.

자신을 소개하려면 남들과는 구분되는 '무엇'이 있어야 한다. 잘하는 것, 좋아하는 것, 싫어하는 것을 비롯해 그 사람이 맺고 있는 다양한 관계 등이 복합하여 한 사람의 정체성을 구성한다. 그러나 갓 성인이 되어 대학이라는 사회에 던져진 태은은 남들과 구분되는 자신의 정체성이 무엇인지 알 수 없었다. 공부를 잘한다고 하자니 남들도 공부를 잘했고, 무엇보다 관심이 온통 가족에게만 쏠려있었기에 자신이 뭘 좋아하고 뭘 싫어하는지 딱히 생각해본 적이 없었다. 자연히 자신의 유일한 관심사이자 남들과 구분되는 특징인 '비장애형제'를 내세움으로써 특색 없는 자신을 포장하려 한 것이다.

장애인 동생이 있다는 사실이 태은에게 유리하게 작용할 때도 있었다. '착하다'며 칭찬하는 사람이 많았고, 장애 형제가 있는데도 공부도 잘하고 잘 자랐다며 대견하게 여기는 어른도 많았다. 태은은 그때마다 자신의 가치가 높아지는 것 같아 뿌듯했다.

때로는 거꾸로 태은이 먼저 장애형제를 핑계로 자신의 선택을 '합리화'하기도 했다. 대학에 진학하면서 사회복지학과를 선택했을 때에도 '장애형제를 위해서'라는 이유는 사람들을 감동하게 했다. 심지어 뭔가를 포기할 때도 '나는 장애형제를 돌봐야 해서 안 돼. 가족들 때문에 하기 어려워.'라고 말하면 평판이 더 좋아졌고, 장애형제를 위해 좋은 기회를 포기한 착한 언니가 될 수 있었다.

문제는 비장애형제라는 정체성을 전면에 내세워 부가적인 이익을 얻어갈수록 그것 말고 태은을 설명할 수 있는 언어가 점점 사라져갔다는 것이다. 친구들과 일상적인 대화를 나눌 때마저도 태은은 장애인 동생과 가족 이야기를 했다. 비장애형제라는 정체성에 몰두한 나머지 가족 안에서도 동생의 진로와 교육에 깊이 개입하기 시작했다. 어머니에게 이런저런 조언을 하고 참견을 하면서 태은과 어머니는 점점 밀착되어갔다.

"그런데 이제 와서 갑자기 비장애형제라는 것 말고 진짜 '나'는 어떤 사람이지? 하는 생각이 드는 거야. 그래서 한동안 사람들을 만나면 최대한 동생 얘기를 하지 않으려고 해 봤어. 그랬더니 할 얘기가 없더라고. 비장애형제가 아닌 나는 아무것도 아닌 사람이었던 거야.”

나 자신의 가치가 다른 존재에게 달려있다면 그 삶은 과연 나의 것일까? 태은은 있는 그대로 인정받지 못하고 장애인 동생의 착한 언니가 되는 것만이 유일한 존재 가치라고 여겼던 어린 시절의 자신이, 사랑받으려고 끊임없이 주변의 눈치를 살피고 가족의 요구에 맞추려고 노력했던 자신이 처음으로 불쌍하게 느껴졌다.

“그래서인가? 어느 날은 문득 죽는 게 낫겠다는 생각이 들더라고. 이렇게 사는 게 의미가 없는 것 같아서.”

진설이 알지, 하고 나지막한 목소리로 대답하고는 머그잔을 만지작거리는 태은의 손을 잡았다.

“너무 자책하지 마. 지금까지 착한 딸, 좋은 언니로만 살아왔던 건, 어릴 때는 그렇게 해야만 살아갈 수 있었기 때문이잖아. 지금도 네가 살아갈 수 있는 또 다른 방법을 찾으려고 하는 거고. 어릴 때의 너든, 지금의 너든 다 살려고 그런 거지, 네 잘못이 아니야.”

그런가? 내 잘못이 아닌가? 진설의 말에 태은은 조금은 용기가 솟는 것 같았다. 그렇다면 이젠 어떻게 살아야 하지? 태은은 그동안 자신을 옭아맸던 ‘비장애형제’에서 시작해야 한다는 생각이 들었다.

'내게는… 발달장애가 있는 동생이 있어요.'

모든 문제는 여기서 시작되었다. 내가 비장애형제라는 것. 그렇다면 나와 비슷한 처지에 있는 다른 비장애형제는 어떻게 살고 있을까? 그들도 나와 같은 고민을 하고 있을까? 아니면 전혀 다른 방식으로 살고 있을까? 태은은 궁금했다. 이 고민을 어떻게 해결했을까? 누군가는 현명하게 답을 찾아내지 않았을까? 그들을 만날 수 있다면 앞으로 어떻게 살아가야 할지 해답을 찾을 수 있으리라. 태은의 눈동자가 새로운 희망으로 반짝였다.

살기 위해 해야만 하는 선택

그날 이후 태은은 비장애형제 모임이 전국 어디인가 하나쯤은 있겠지, 라고 생각하며 인터넷을 샅샅이 뒤졌다. 하지만 아무 소득이 없었다. 몇몇 복지관에서 비장애형제를 위한 프로그램을 진행한다는 정보는 찾았지만, 그마저도 초등학생을 대상으로 하는 장애아동·비장애형제자매 캠프가 대부분이었다. 태은 역시 어릴 때 비슷한 캠프에 참여해본 적이 있고 그 기억을 좋게 간직하고 있었다. 하지만 그때로부터 십 년이 훨씬 지난 지금까지도 이 1박2일 캠프가 비장애형제를 위한 프로그램의 전부라니. 가족도, 사회도,

아무도 비장애형제에게는 관심이 없구나, 하고 실망할 수밖에 없었다.

태은은 이내 그런 게 없으면 내가 만들면 되지, 라는 단순한 결론을 내렸다. 언제는 뭐 누가 우리를 챙겨줬었나? 이제껏 혼자 알아서 잘 컸는데. 아무도 관심이 없다면 우리 스스로 관심을 가지면 된다. 뒤늦게 찾아온 사춘기가 묘한 반항 심리를 부추기며 태은으로 하여금 비장애형제 모임에 대한 의지를 불태우게 했다.

크리스마스와 새해를 맞이하며 거리에서 들뜬 분위기가 물씬 풍겨올 즈음, 태은은 부끄러움을 무릅쓰고 나섰다. 대학 졸업 후 몇 년 동안 안부도 나누지 않던 교수님을 찾아가 도움을 요청하고, 주변 사람들에게 아는 비장애형제가 있으면 소개해달라고 부탁도 했다. 그렇게 알게 된 비장애형제를 통해 다른 비장애형제를 소개받았고, 부모님의 인맥도 동원했다. 인터넷 게시판에도 만들고자 하는 모임에 대한 소개글을 꾸준히 올려 자신처럼 '비장애형제 모임'을 검색해볼 누군가가 발견할 수 있기를 바랐다.

그렇게 해서 첫 만남을 잡을 수 있었다. 진설을 포함해 네 명으로 시작한 비장애형제와의 만남은 곧 여섯 명, 여덟 명으로 그 수가 늘어갔다. 각자 살아온 이야기를 들어보니, 비장애형제는 서로 비슷하면서도 달랐다. 예를 들어 태은은 자신처럼 다른 비장애형제도 장애형제의 영향을 받아 사회복지나 특수교육 등 장애와 관련된 쪽으로 진로를 선택할 줄 알았다. 그렇지 않았다. 어느 정도든 장애형제의 영향을 받은 건 분명하지만 선택은 각자 달랐다. 태은처럼 사회복지를 전공하거나 부모님의 권유 아닌 권유에 특수교육을 선택한 사람도 있지만, 장애인 가족에게는 경제적 안정이 최우선이라고 여기고 진로를 선택한 사람도 있고, 거꾸로 부모님의 바람에 반항해 절대로 사회복지를 공부하지 않겠다고 선언하며 자신의 꿈을 우선에 두고 진로를 선택한 사람도 있었다.

"언니 같은 비장애형제들 때문에 제가 엄마한테 욕을 먹는 거예요."

태은이 대학에서 사회복지학을 전공했다고 이야기했을 때는 미정이라는 비장애형제가 이렇게 투덜대기도 했다. 이렇게나 삶의 방식이 달랐다. 비장애형제라는 게 영향을 미칠 수는 있을지언정 그 자체가 삶을 결정하는 요소는 아니었고, 선택은 각자의 몫이었다.

태은 역시 다른 선택을 할 수 있었다. 다만 다른 선택지가 있다는 것을 몰랐을 뿐이다. 혹은 이런저런 핑계를 대며 더 쉬운 선택만 해왔던 것일지도 모른다. 그때 누구라도 그게 정말 네가 원하는 것이냐고 한 번만 물어봐 주었다면 얼마나 좋았을까? 그랬다면 태은도 자신을 인생의 중심에 두고 생각할 수 있다는 걸 알지 않았을까. 지금과는 다른 삶의 경로를 걷고 있지 않을까.

태은은 지나간 시간은 돌이킬 수 없다는 걸 잘 알면서도 아쉬운 마음이 들어 씁쓸한 미소를 지었다. 뭐, 할 수 없지. 늦었지만 이제라도 바꿔나가는 수밖에.

태은은 테이블에 둘러앉은 비장애형제에게 지금 안고 있는 고민과 어머니와의 관계 문제를 털어놓았다. 어머니가 고생하고 힘들어하시는 건 알지만, 태은 자신도 어머니에게 이해받고 싶다고 말했다. 자신의 노력을 인정받고 싶고 사랑으로 보상받고 싶다고. 하지만 그 얘기를 꺼내면 어머니가 힘들어할 것이 분명해서 말을 꺼내기가 어렵다고, 자꾸 죄책감이 든다고 말했다. 그러면서 한편으로 태은은 속으로 조바심을 냈다. 다른 비장애형제가 이런 나를 이해할까? 너무 이기적인 사람이라고 생각하면 어쩌지….

잠시 침묵이 흘렀고, 이윽고 비장애형제 한 명이 입을 열었다.

"언니, 엄마한테 얘기해요. 얘기해야 해요. 저는 이십 대 초반에 엄마랑 얘기하면서 무진장 싸웠어요."

해수라는 친구였다. 태은은 고개를 들었다. 해수는 자신보다 나이가 어린데도 엄마와의 관계는 더 똑 부러지고 건강하게 정립해오고 있었다. 해수의 이야기가 이어졌다.

"솔직히 엄마도 힘들지만, 우리도 장애인의 형제로서나 지금을 살아가는 한 청년으로서나 힘든 부분이 있잖아요.

그런데 왜 맨날 우리만 엄마를 챙겨야 해요? 엄마가 내 딸이에요? 내가 엄마 딸이지. 대학에 막 입학했을 즈음에 엄마랑 이런 얘기를 하다가 서로 지지고 볶고 난리 났었어요. 지금은 오히려 평화로워요. 엄마도 나도 서로를 존중할 수 있게 되었달까? 너는 그래? 나는 이래. 아, 오케이. 이런 느낌? 그 선을 찾는 게 중요해요. 그러려면 언니 마음이 어떤지 꼭 어머니에게 말해야 해요."

"맞아, 태은아. 내가 전에 말했었지? 난 골프채를 휘둘렀다고."

진설이 농담처럼 던진 한마디에 비장애형제들이 일제히 웃음을 터트렸다. 태은의 입가에도 미소가 번졌다. 그런가, 이야기해도 되는 걸까. 나도 힘들다고, 사랑받고 싶다고 말해도 될까. 다른 비장애형제처럼, 처음에는 힘들겠지만 언젠가는 엄마가 날 이해하고 우리 관계가 더 좋아질 거라고 기대해도 될까. 그런 나까지도 엄마가 사랑해줄까.

모임을 끝내고 집으로 돌아가면서 해수, 미정을 비롯한 모두가 '꼭 이야기해봐요.'라고 한 마디씩 응원의 말을 인사로 남겼다.

"응, 꼭 할게요."

태은은 비장애형제 모임을 통해 세상을 살아가는 방식을 새롭게 배워나가고 있었다.

태은의 고향에서는 벚꽃이 진 지 이미 오래였다. 한여름을 향해 달려가는 양 벚나무 잎사귀들이 진한 녹색 빛으로 물들어가고 있었다. 태은은 졸업 논문 중간 심사를 마치고 잠시 휴식을 취하기 위해 고향으로 내려왔다. 어딜 가나 사람에게 치이는 서울에서의 생활은 알게 모르게 태은에게 부담감을 주었다. 집에서 엄마가 해주는 따뜻한 밥을 먹는 상상만으로도 태은은 마음의 위안을 느꼈다.

하지만 집에 들어서는 순간 태은이 상상했던 휴식과는 전혀 다른 상황이 눈앞에 펼쳐졌다. 어머니는 태은을 보자마자 졸업이 언제인지, 바로 취업할 수 있는지부터 물었다. 그리고 또 그 소리를 시작했다. 빨리 취업하도록 네가 잘해야 한다, 동생 뒤치다꺼리만으로도 엄마는 버겁다, 엄마는 너만 믿는다….

태은은 가만히 생각했다. 어떻게 대답해야 할까. 이전 같으면 어머니에게 걱정을 끼치지 않기 위해 밝은 모습만 보이려고 노력했을 태은이지만, 이제는 그러고 싶지 않았다. 놀 시간도 없이 학업도 업무도 성실히 해오고 있는데 여기에서 어떻게 더 노력하라는 거지? 나는 언제나 잘해야만 사랑받을 수 있는 것일까? 동생 태연이 그런 것처럼, 나도 뭘 잘하지 않아도, 아니 잘하지 못해도 사랑받고 싶다. 나도 엄마 딸이니까. 다른 비장애형제들은 어머니와 싸워

봤고 결국에는 어머니와의 관계에서 균형을 찾았다고 말했다. 그러니 나도 지금 말해야 한다. 다른 비장애형제가 그랬던 것처럼.

"엄마, 나도 힘들어."

오랫동안 마음속에 눌러두었던 말이 드디어 밖으로 나왔다. 말을 꺼내기 어려울 것으로 생각했는데 막상 입 밖으로 내고 보니 하고 싶은 말이 마구 솟아났다. 내가 엄마의 힘듦을 생각하는 것처럼 엄마도 내 힘듦을 알아줬으면 좋겠다고, 내가 정말 열심히 살고 있다는 걸 인정받고 싶다고, 잘하지 못해도 괜찮다고 위로받고 싶고 나도 사랑받고 싶다고. 울지 않고 또박또박 분명하게 말하고 싶었지만, 눈물샘이 도와주지 않았다. 태은은 최대한 울음을 삼키며 이야기했다.

"엄마, 나도 힘들어. 정말 죽을힘을 다해 살고 있어. 대학원 사람들도 내가 너무 열심히 한다고 인정할 만큼. 그런데 여기에서 어떻게 더 노력하라는 거야? 엄마는 맨날 날 믿는다고 말하면서 왜 나를 기다려주지 않는 거야?"

어머니는 태은의 눈물에 크게 당황한 듯했다. 늘 자신을 든든하게 지원해주는 딸이었던 만큼 이런 반응이 나올 줄 전혀 예상하지 못했으리라. 처음에 어머니는 태은을 달래려고 했다.

"너 힘든 거 엄마가 왜 몰라. 네가 잘하고 있다는 것도 다 알지. 그래서 엄마는 너만 믿고 있는데. 네가 못한다는 얘기가 아니라 동생 걱정에 너한테…"

그러다 엄마의 말이 갑자기 이상한 방향으로 흘렀다.

"아니다, 내가 괜한 소리를 했나 보다. 앞으로는 너 안 힘들게 엄마가 힘들다는 얘기 안 할게. 미안하다. 다 엄마 잘못이다. 다시 태어나면 좋은 부모 밑에서 태어나거라."

"엄마, 지금 그 얘기가 아니잖아!"

태은은 답답해서 소리를 꽥 질렀다. 참아보려 했던 눈물이 제멋대로 터져 나왔다.

"엄마가 힘들다는 걸 얘기하지 말라는 게 아니잖아. 엄마가 힘든 만큼 나도 힘들다는 걸 알아달라는 말이잖아. 엄마한테 나는 항상 잘하니까 신경 안 써도 되는 사람이지? 그래서 내가 얼마나 신경을 곤두세우고 사는지 알아? 엄마한테도, 가족한테도 걱정 안 끼치려고 얼마나 아등바등하면서 사는지 아느냐고. 내가 잘한다는 걸 인정해달라는 게 아니잖아. 나도 못할 수 있다는 걸 생각해달라고! 내가 그만큼 노력하고 있다는 걸 알아달라고!!!"

어머니는 자신이 굽히고 들어갔는데도 태은이 목소리를 더욱 높이며 오열하자 어찌할 바를 몰랐다. 처음에는 그런 게 아니라고 변명하다가 그게 버거웠는지 이내 화를 내기 시작했다.

"얘가 상담을 받더니 이상해졌네. 도대체 거기서 무슨

얘기를 듣고 온 거야? 안 그래도 동생들 때문에 신경 쓸 게 많은데 너까지 왜 이러니?"

어머니는 자신이 화를 내고 힘들다고 말하면 언제나처럼 태은이 미안하다고 말하며 다가올 것이라고 기대하는 것 같았다. 하지만 태은은 오히려 그만 얘기하라며, 듣기 싫다고 하는 어머니의 반응에 마음이 차갑게 식어버렸다.

태은은 곧장 자기 방으로 들어가 옷가지를 여행용 가방에 쑤셔 넣었다. 어떤 말을 해도 엄마는 바뀌지 않겠구나. 나를 전혀 이해하지 못하겠구나. 가방 뚜껑을 쾅 닫고 지퍼를 거칠게 잡아당겼다. 엄마와의 대화는 여기서 끝이다. 엄마와의 관계도 여기서 끝이다. 태은은 가방을 끌고 거실을 가로질러 현관으로 내려섰다.

그 모습을 지켜보던 어머니가 딸한테 그런 얘기도 못 하냐며 태은을 나무랐다. 하지만 태은은 대꾸도 하지 않은 채 집을 나섰다. 나를 이해하지 못하는 엄마, 나를 책망만 하는 엄마와는 차라리 연을 끊고 사는 것이 맞을 것 같았다. 그러지 않으면 태은 자신이 죽을 것 같았다.

덜커덩하고 가방 끄는 소리가 골목길 안에 울렸다. 태은은 마음이 찢겨 나가는 것 같았다. 누구보다도 사랑받고 싶었던 존재에게 지금도, 그리고 앞으로도 자신은 영영 사랑받을 수 없음을 스스로 인정하는 것이 너무나 고통스러웠다. 그리고 가장 사랑받고 싶고 또 가장 사랑하는 사람에게 지금 자신이 엄청난 상처를 주고 있다는 사실도 잘 알고 있었다. 태은은 눈에 눈물이 가득 차 세상이 온통 흐릿해 보였다. 눈물이 끊임없이 흘러내려 까만 아스팔트 바닥 위로 뚝뚝 떨어지면서 더 까만 점을 만들었다.

"태은아! 태은아!"

뒤따라 나온 어머니가 다급하게 태은을 불렀다. 어머니의 목소리가 떨리고 있었다. 태은은 차마 뒤돌아볼 수 없어서 가방을 질질 끌며 계속 앞으로 걸어갔다. 엄마 미안해. 그런데 나 이렇게는 살 수 없어. 태은은 어머니를 고통스럽게 만들 수밖에 없는 자신이 원망스러웠다. 그렇지만 정말로 더는 이렇게 살 수 없었다.

"태은아! 태은아!"

계속 자신을 애타게 부르는 어머니의 목소리가 태은의 마음을 날카롭게 찌르고 헤집었다. 내딛는 한 걸음 한 걸음이 너무나 고통스러워서 도저히 앞으로 나아갈 수 없었다. 엄마가 저렇게까지 하는데 내가 뭐라고 엄마를 고통스럽게 한단 말인가. 지금이라도 엄마랑 다시 한번 얘기해볼 수 있지 않을까.

태은이 겨우 뒤돌아보자, 어머니가 달려와 태은의 가방을 붙잡았다. 그러고는 "이게 무슨 일이냐, 이게 무슨 일이야. 네가 엄마한테 어떻게 이럴 수 있니." 하고 말하며 눈물을 흘렸다. 태은은 약해지려는 마음을 다잡으며, 이런 내

모습도 사랑해주었으면 하는 바람을 담아 말했다.

"엄마, 나 이렇게는 살 수 없어요. 서울로 갈래요. 잘 지내세요."

"엄마가 데려다주마. 엄마 차로 가자."

어머니는 잠시라도 태은을 붙잡았다는 것에 안도한 듯했다. 태은은 어머니에 대한 미안함과 변화에 대한 일말의 희망을 안고 차에 올라탔다. 하지만 두 사람의 생각은 같은 곳에 있지 않음이 곧 증명되었다. 공항으로 가는 길 내내 어머니는 눈물을 흘렸다. 태은은 그 눈물이 자신에 대한 미안함일 거라고 믿고 싶었지만, 어머니는 다른 것을 말하고 있었다.

"네가 어떻게 이럴 수 있니. 엄마가 동생들 때문에 힘든 거 네가 제일 잘 알면서. 네가 공부도 잘하고, 동생도 잘 챙겨서 내가 널 얼마나 자랑스러워하는데. 그래서 지금껏 너를 의지하면서 살았는데 네가 어떻게 이러니. 엄마 죽는 꼴 보고 싶어서 그러니."

또 그 소리. 태은은 다시 마음이 싸늘해지는 걸 느꼈다. 더는 엄마의 죽는다는 소리가 무섭게 들리지 않았다. 이제 내가 할 수 있는 일은 다 했다. 마지막이라고 생각하고 엄마와 이야기를 나눠보려고 했지만 똑같은 대화가 반복될 뿐이었다. 태은은 입을 다물었다. 어머니는 태은이 말이 없자 수긍한다고 생각했는지 계속해서 자신의 사정을 이야기했다. 어쩔 수 없다며 본인의 힘듦과 가족의 상황을 태은이 이해하길 바랐다.

평일 낮이라 도로가 한산해서 차는 금세 공항에 다다랐다. 태은은 말없이 차에서 내렸고, 어머니는 차창을 내리고 태은이 뒷좌석의 문을 열고 가방 꺼내는 모습을 지켜보았다. 태은은 어머니의 붉어진 눈을 마주 볼 자신이 없어 눈길을 멀리 지나가는 차들 쪽으로 던지며 말했다.

"엄마, 엄마가 죽을 것 같다고 했죠. 그런데 그거 알아요? 나도 죽을 수 있어요. 이렇게 살다가는 내가 죽을 것 같아요. 그래서 엄마한테 이해받고 싶었지만, 엄마는 날 절대 이해하지 못할 것 같아요. 앞으로는 엄마는 엄마대로, 나는 나대로, 우리 그렇게 살아요. 그게 서로에게 행복한 일인 것 같아요. 미안해요. 건강하세요."

태은은 어머니의 대답을 기다리지 않고 그대로 뒤돌아 공항 안으로 들어섰다. 주머니 속에서 휴대폰 진동이 끊임없이 울렸다. 태은은 탑승 수속을 마치고 검색대를 거쳐 탑승장 안에 도착한 뒤에야 휴대폰을 꺼내 보았다. 열 통에 이르는 부재중 전화, 그리고 또 전화가 오고 있었다. 태은은 휴대폰의 전원을 껐다. 머리로는 이게 최선이라고 생각하면서도 마음은 여전히 고통스러웠다. 엄마, 미안해. 내가 나쁜 년이야…. 뜨거운 눈물이 흘러내렸다. 여행객들이 눈물을 흘리는 태은의 모습을 힐끗 쳐다보며 지나쳤다.

엄마와 누구보다도 살갑게 지냈던 딸. 엄마를 힘들게 하지 않으려고 누구보다 노력했던 딸의 변화에 엄마는 얼마나 충격을 받았을까. 태은은 스스로를 다잡았다. 태은아, 이제는 누군가에게 사랑받으려 애쓰지 말고 나 자신을 사랑해야 한다. 사랑이라는 대가를 바라고 행동하지 말자. 내가 무언가를 하지 않거나 잘하지 않아도 있는 그대로 사랑받을 자격이 있다는 걸 나부터 알아야 한다. 아무도 날 사랑해주지 않는다면 나 스스로 나를 사랑해주자.

태은은 어머니로부터, 가족으로부터 그렇게 독립했다.

진심으로 마주하다

"태은 씨, 어서 와요."

상담 선생님이 태은을 인자한 미소로 맞으며 지난 한 주 동안 어떻게 지냈느냐고 가볍게 물었다. 태은은 푹신한 소파에 몸을 기대며 저도 모르게 깊은숨을 후- 내쉬었다. 한 주간 쌓인 고민을 지고 오려니 마음에 부담이 컸나 보다. 어서 상담 선생님과 이야기해 고민을 털어내고 싶었지만 좀처럼 입이 떨어지지 않았다.

상담 선생님은 태은이 이야기를 꺼낼 때까지 차분히 기다렸다. 이윽고 상담실 한쪽에 있는 커다란 책꽂이에 눈길을 주던 태은이 입을 열었다.

"얼마 있으면 추석이잖아요. 추석에 집에 갈까 말까…
고민 중이에요."

태은이 대학원을 졸업하고 도망치듯 취업해 직장인으로
살아온 지도 어느새 일 년이 되어가고 있었다. 대학원으로
부터 도망친 건지, 가족으로부터 도망친 건지 알 수 없었지
만 어쨌거나 도망친 곳에서의 삶은 나쁘지 않았다. 먹고 싶
은 음식을 마음껏 먹어도 통장 잔액은 넉넉했고, 덕분에 그
림을 그리고 발레를 배우는 등 해 보고 싶었던 취미생활도
할 수 있었다. 주말에는 비장애형제 모임 '나는'의 활동에
전념했다. 다른 비장애형제와 이야기를 나누고, 책을 쓰고,
언론사와 인터뷰를 하며 '나는'의 존재를 알려나갔다.

직장에서도, '나는'에서도 태은은 잘 해내고 있었다. 하
지만 문득문득 마음 한구석에서 자신을 가만히 응시하는
존재가 신경 쓰였다. 동생 태연, 그리고 엄마.

태은의 독립, 혹은 도망 이후 어머니는 아버지와 언니,
남동생을 통해 태은과 대화하려고 시도했다. 하지만 태은
은 흔들리지 않았다. 동생들 앞에서 좀처럼 자신의 감정을
내비치지 않던 언니까지 나서서 태은을 설득하며 눈물을
흘려도 태은은 단호했다. 지금 돌아간다면 지난 삼십 년간
어머니의 딸이자 장애가 있는 동생의 언니로만 살아왔던
삶을 반복하게 될 것이 분명했다. 태은은 그렇게 살고 싶

않았다. 자유롭게, 나를 위해, 태은 자신으로 살고 싶었다.

그렇다고 가족에게서 벗어난 지금의 삶이 마냥 행복하기만 한 것은 아니었다. 직장인으로, 다양한 취미를 경험하는 사람으로, 장애인 가족의 일원이 아닌 나 자신에게 집중하며 살아온 일 년 남짓 동안 가슴을 늘 짓누르던 부담감은 사라졌지만, 머릿속과 마음속에는 늘 가족이 있었다. 명절이 다가오면서 직장 동료들이 고향에 내려가느냐고 물을 때마다 가족이 더 생각이 났다. 가끔은 꿈속에서 동생 태연과 엄마를 만났다. 동생 태연이 말없이 자신을 바라보기도 하고, 엄마와 화해하기도 했다. 때로는 엄마와 말로 난투극도 벌였다. 태은은 동생 태연이 보고 싶었다. 그토록 밉던 엄마마저도. 대체 내가 바라는 삶은 어떤 거지? 난 어떻게 살아야 하지?

혼란스러워진 태은은 행복하게 사는 방법을 찾기를 바라며 다시 상담소를 찾았다. 상담 선생님은 태은에게 어린 시절 마음속에 자리 잡은 유기불안과 그로 인한 감정의 억압, 보상심리의 관계를 설명해주었다. 그리고 태은이 일상생활에서 불편함을 느끼는 지점을 인지하고 행동을 바꿈으로써 변화시킬 수 있도록 도와주었다. 그 과정에서 직장, 연애, 친구 관계에 대해 많은 이야기를 나눴는데, 그중 가장 중요한 주제는 단연코 '엄마'였다.

다시 엄마와 이야기해볼 수 있을까. 아무리 얘기해도 엄마는 나를 이해하지 못할 텐데…. 망설이는 태은에게 상담 선생님은 이렇게 조언했다.

"물론 어머니가 태은 씨의 마음을 이해해주면 제일 좋겠지요. 어린 시절에 부모에게 받은 상처는 부모가 제일 잘 치유해줄 수 있으니까요. 하지만 세상에 그런 부모는 많지 않아요. 자신도 한 사람의 미숙한 인간이었음을 진심으로 인정하고 자식의 상처를 보듬어준다는 건 쉽지 않은 일이거든요. 안타깝지만 어쩔 수 없는 현실이죠. 그렇더라도 성인이 된 나 자신이 상처받은 어린 시절의 나를 보살펴줄 수 있으면 돼요. 이제 태은 씨는 아무것도 할 수 없었던 어린아이가 아니라, 힘이 있는 어른이니까요."

태은이 맞아요, 하며 고개를 끄덕였다.

"지금까지 들은 이야기로 판단해보면, 태은 씨 어머니는 정신적 분화 수준이 낮지 않은 것 같아요. 그래도 태은 씨의 이야기를 들어줄 만큼 성숙하신 분 같거든요. 두 사람이 전혀 통하지 않을 것 같으면 저도 굳이 권유하지 않을 거예요. 하지만 태은 씨와 어머니는 잘할 수 있을 것 같아요. 그러니 이번 추석에 집에 가서 어머니와 얘기해보세요. 그리고 결과가 어땠는지는 다음 상담 시간에 얘기해보도록 해요."

태은의 얼굴에 막막해하는 빛이 떠오르자 상담 선생님이 눈치를 채고 살며시 웃으며 덧붙였다.

"지금까지 연습한 대로 하면 돼요. 중요한 건 태은 씨의 마음을 말하는 거예요. 어머니의 행동이 태은 씨에게 어떤 생각을 들게 했는지, 그때 어떤 느낌을 받았는지, 그리고 태은 씨가 듣고 싶은 말은 뭐고, 어떤 말이 태은 씨를 힘나게 하는지 말하세요. 어머니는 모르잖아요. 그런 다음 어머니가 어떤 반응을 보일지는 어머니에게 맡겨두는 거예요. 태은 씨가 할 수 있는 일은 어머니의 생각과 행동이 바뀌기를 부탁하는 거예요. 변화는 어머니의 선택이니 강요할 수는 없어요. 대화가 잘 안 되어도 괜찮아요. 그때는 태은 씨가 자기 자신을 보듬어주면 되니까요. 태은 씨는 충분히 그럴만한 힘이 있어요."

"네, 한번 해 볼게요."

태은은 자신 없는 목소리로 대답했다.

괜찮을까? 어머니가 긍정적인 반응을 보일 거라는 기대는 할 수 없었지만, 태은은 그래도 용기를 내보고 싶었다. 가족에게서 무조건 도망치는 건 애초에 자신이 원하던 답이 아니었다. 무엇보다 행복하지 않았다. 어머니와 다시 이야기를 나누고, 동생 태연에게 관심을 가지면서도 자기 삶의 중심을 잃지 않으며 살아가고 싶었다. 태은은 어머니의 변화가 아닌, 자신의 변화를 믿어보기로 했다. 가족과 떨어져 지내는 동안 아주 단단해졌으니까. 태은은 불안한 마음에 지지 않으려고 작은 희망을 꿋꿋이 붙잡았다.

　　　　　　　　　　일 년 동안 발길을 끊었던 태
은이 갑자기 집에 오자 가족들은 놀라면서도 반기는 눈치
였다. 어머니는 기쁜 표정을 감추지 못하면서도 태은이 어
떤 마음으로 찾아왔는지 짐작할 수 없어 마음껏 반기지도
못하고 있었다.

　밥은 먹었느냐는 어머니의 물음에 태은은 조용히 고개
를 끄덕였다. 동생 태연은 일 년 전 모습 그대로 거실 소파
에 등을 기대고 앉아 가위질에 몰두하고 있었다. 아니 조금
은 뱃살이 찐 것 같기도 했다. 태연아, 언니 왔어, 라며 인
사말을 건네도 태연은 마치 세상에서 가장 중요한 일을 하
고 있다는 듯 언니를 본체만체하며 손에서 가위를 놓지 않
았다. 언니가 무려 일 년 만에 집에 왔다는 것을 알까? 엄
마와 언니가 그동안 어떤 마음으로 지냈는지 알고 있을까?
태은은 동생을 물끄러미 바라보다가 어머니에게 말했다.

　"엄마, 잠깐 나랑 얘기해요."

　집 근처 카페로 가는 동안에도, 카페에 도착해 주문한
커피가 나오기를 기다리는 동안에도 어머니와 태은 사이
에는 어색한 침묵이 흘렀다. 용기 내어 여기까지 왔지만 무
슨 얘기부터 꺼내야 할지 막막했다. 상담 선생님이랑 연습
할 때 무슨 얘기를 했더라? 한참 찻잔만 만지작거리다 고
개를 들어보니, 어머니 역시 먼저 말을 꺼내지 못한 채 생
각에 잠겨있었다. 그제야 어머니의 얼굴이 눈에 들어왔다.

일 년 사이에 주름도, 흰머리도 많이 늘어난 듯했다. 온 집 안을 호령하던 그 기운은 다 어디로 가고 힘 없고 나이든 어머니가 앉아있었다. 그래, 여기까지 왔는데 한 번만 더 용기를 내보자.

"요즘 상담을 받고 있는데 거기서 그러더라고요, 어린 시절에 갖게 된 마음속 불안이 지금 나를 힘들게 하고 있다고."

일단 입이 떨어지니 속에 담아두었던 이야기가 술술 흘러나왔다. 어머니는 무엇인가 말하고 싶은 듯했지만, 태은이 더 이야기하기를 기다렸다.

"내가 엄마한테 말하고 싶었던 건…, 엄마가 밉다거나 나쁘다는 얘기가 아니에요. 엄마도 최선을 다했다는 걸 아니까. 엄마를 원망하고 싶지도 않아요. 그냥 나는… 지금까지 내가 엄마한테 잘하는 딸이 될 수 있었던 건 내가 정말로 열심히 노력한 결과라는 걸 엄마가 알아줬으면 하는 것뿐이에요. 태연이는 아무것도 하지 않아도 사랑받잖아요. 그것처럼 내가 뭘 잘하지 못해도 엄마한테 '괜찮다, 그럴 수 있다.'라는 말을 듣고 싶어요. 나도 사랑받고 이해받고 싶어요."

"부모가 되어서 어떻게 자식을 사랑하지 않겠니."

그 말에 태은은 긴장했다. 일 년 전에도 들은 말이었다. 그때 어머니는 말로는 태은을 사랑한다고 했지만, 그건 태은이 무엇인가를 잘할 때만 해당하는 것이었다. 일 년 전 상황이 반복되는 것일까? 역시 엄마는 날 이해할 수 없는 걸까. 어떻게 대답해야 하지? 말을 고르는 태은의 마음속에서 실망스러운 감정이 스멀스멀 올라왔다. 태은은 다시 찻잔을 만지작거렸다.

"엄마가 미안한 건 그거야."

이어진 어머니의 말에 태은이 고개를 들었다.

"그때 너도 어렸는데…, 어린아이였는데…. 그런데도 네가 엄마를 걱정시키지 않으려고 참 애를 많이 썼지."

어머니가 태은의 얼굴을 찬찬히 눈에 담으며 떨리는 목소리로 말했다.

"엄마가 미안하다."

어째서일까? 이전에도 어머니가 태은에게 '미안하다'고 말한 적은 많았다. 그런데 이상하게도 이날은 똑같은 말이 다르게 들렸다. 그건 상황을 모면하기 위해 말로만 하는 '미안함'이 아닌, 진심 어린 사과였다. 상담 선생님이 말한 것처럼, 어머니는 한 사람의 인간으로서 미숙했던 자신을 인정하고 어린 시절의 태은에게 용서를 구하고 있었다. 지난 일 년 동안 어머니도 마음고생을 하며 자신과 둘째 딸의 인생을 곱씹어 봤으리라. 어린 태은이 져야 했던 짐이 너무 무거운 것이었음을 알아차리고 부모로서 부족했던 자신을 인정하는 용기를 냈으리라.

"네가 애쓰느라 참 많이 힘들었지…. 엄마가 미안하다."

어머니는 어린 시절 사랑받기 위해 '착한 아이'가 되려고 노력했던 태은에게 진심으로 미안해하고 있었다.

아, 이거면 됐다.

준비해왔던 이야기를 모두 꺼내기도 전에 태은은 마음의 응어리가 녹아내리는 걸 느꼈다. 미안하다는 엄마의 진심 어린 한마디. 그 한마디가 태은을 다시 살아나게 하고 있었다.

아, 엄마가 나를 이해하고 있구나.

나도 이해받을 수 있다고 생각하니 안개가 끼어있는 듯 답답했던 마음이 편안해졌다. 이거면 됐다.

"엄마도 나 때문에 속 많이 썩었죠. 죄송해요."

"가지 많은 나무에 바람 잘 날 없다고 하지 않니. 엄마가 낳은 자식이니 다 엄마가 감당해야 하는 일이다."

어머니가 희미하게 웃으며 말했다.

그날 태은은 어머니와 지난 일 년간 못다 한 이야기를 끝없이 나누었다. '나는'을 통해 다른 비장애형제와 만난 이야기, 상담 선생님과 나눈 이야기, 태은이 느끼던 불안과 억울함과 죄책감, 사랑받고 싶었던 마음, 인정받고 싶은 마음, 그래서 가족을 중심으로 돌아가던 태은의 삶…. 어머니가 태은이 하는 얘기를 모두 이해한 건 아니지만 그래도 괜찮았다. 사랑받기 위해 '착한 아이'가 되고자 했던 태은의 노력을 어머니가 알고 있기에, 그리고 진심으로 태은에게 미안해하고 있었기에 다른 건 다 괜찮았다.

장애인 가족으로 사는 삶도, 비장애형제로서의 삶도 그렇게 쉽게 끊어낼 수 있는 게 아니었다. 자신과 떨어질 수 없는 그 삶을 태은은 다시 살아보기로 결심했다. 그러나 그 방식은 지난 삼십 년과는 다를 것이다. '나는'을 통해 만난 비장애형제는 저마다 다양한 방식으로 살아가고 있었고, 자신을 중심에 둔 선택을 바탕으로 삶을 꾸려가고 있었다.

이제 태은은 가족을 핑계 대지 않고 자신을 위한 선택을 할 수 있음을 안다. 벗어날 수 없는 삶이라면 '비장애형제이기만 한' 태은이 아닌, '비장애형제이기도 한' 태은으로 살아보기로 했다.

'더도 말고 덜도 말고 한가위만 같아라.' 하는 추석을 며칠 앞둔 어느 날이었다.

진설

남겨진 사람

그건 사소한 충동으로 벌어진 일이었다. 그러니까 진설이 주인이 없는 그 방에 들어가 책상 위에 있는 데스크톱 컴퓨터의 전원을 켠 건 순전히 며칠째 잠을 못 자 제대로 머리가 돌아가지 않은 탓이었다. 평소에는 실수로라도 그 방에 발을 들이지 않았으니까. 그러나 계획 없이 들어온 것치고 진설은 너무나 자연스럽게 책상 앞에 놓인 의자를 끌어다 걸터앉고는 찬찬히 컴퓨터를 탐색하기 시작했다.

예상했던 것보다 그의 즐겨찾기 목록과 인터넷 방문 기록은 아주 평범했다. porn(포르노)을 poruno라고 입력해 검색한 것으로 추정되는 로그 외에는 별다른 특이사항이 없어 보였다. 해당 컴퓨터의 주인은 백업이라는 개념이 아예 없는 사람이었으므로, 휴대폰으로 찍은 사진이나 동영상 같은 사적인 데이터 또한 일체 하드에 저장되어 있지 않았다. 그래서일까. 무심코 클릭한 '내 문서' 폴더 안에 달랑 하나 들어있는 워드 파일을 발견했을 때 진설은 자신의 눈을 의심할 수밖에 없었다. 그가 직접 어떤 문서를 작성했을 것이라는 생각은 단 한 번도 해 본 적이 없었기 때문이다. 그는 하이텔 시절부터 독수리 타법을 고수해온 컴맹이었다. 글을 읽거나 쓰는 걸 즐기지도 않았다. 무엇보다 그는 이십 년 가까이 조현병 환자로 살았다.

그가 남긴 소설

진설은 멍하니 '새 파일'이라는 파일명을 바라보며 잠시 망설이다가 이내 마우스를 고쳐 잡고 더블 클릭을 했다. 놀랍게도 그건 그가 쓴 소설이었다. 한 페이지를 겨우 넘는 분량의 채 완성하지 못한 소설 서두에는 다음과 같은 제목이 적혀 있었다.

"태양의 여자…?"

진설은 자기도 모르게 잠시 숨을 멈췄다 다시 들이켜며 그가 지었을 소설 제목을 천천히 소리 내어 읽어보았다. 목구멍에서 뜨거운 기운이 끓어 올라오는 것 같았다. 그는 태양과 거리가 먼 삶을 살았고, 여자와는 더더욱 거리가 멀었다. 어머니와 두 명의 여동생 외에 그의 인생에서 여자라고 부를 만한 존재가 또 있었던가? 진설은 대답을 들을 수 없는 질문을 던지며 그의 이끼 같았던 인생을 곱씹어 보았다.

고립된 채 축축하고 어두운 곳에 가까스로 붙어 지반의 양분을 빨아먹으며 기생하는 생명체. 그는 그런 삶을 살았다. 이끼는 꽃도 없고 열매도 없다. 미처 꽃을 피우기도 전에 그에게 조현병이 찾아왔고, 사계절이 돌고 돌아도 열매는 맺히지 않았다. 잎과 줄기, 뿌리의 구분도 없이 그늘에서 생존을 위해 발버둥질하는 이끼처럼, 그 역시 어떠한 질서나 체계도 없이 그저 그렇게 자신에게 주어진 시간을 온몸으로 살아냈을 뿐이다.

소설은 깊은 잠에 빠져 있던 여자가 눈을 뜨는 장면에서 시작했다. 뜨거운 한낮의 직사광선이 테라스에 놓인 소파 위에 길게 누워있는 여자를 비춘다. 곧 여자는 잠에서 깬다. 이 여자가 누군지, 왜 여기에 있는지에 관한 전후 맥락 따위는 없었다. 온통 여자의 밝은 표정이라든가 당당한 걸음걸이에 대한 세세한 묘사만 가득했다. 여자는 구식 전화기의 다이얼로 손을 뻗었고, 거기서 소설은 갑자기 끊겼다. 마지막 문장 아래쪽에는 비어있는 흰 페이지가 두 장이나 남아있었다. 진설은 의자 등받이에 상체를 깊숙하게 묻으며 가슴 앞으로 팔짱을 꼈다.

만약 소설이 완성되었더라면 여자는 하얗게 비어있는 페이지에서 무엇이든 자유롭게 할 수 있고 어디든 자유롭게 갈 수 있을 것 같았다. 이끼처럼 살아온 그와 달리, 태양의 여자는 눈이 부시게 쏟아지는 햇빛과 참 잘 어울렸다.

그는 조현병으로 인해 언어가 조각나고 와해되었기에 소설 속 주인공은 그만큼 그와 거리가 멀었다. 그리고 딱 그만큼 아름다웠다.

가진 적도 없고 가질 수도 없는 아름다움을 글로 남기고 싶어 하는 건 어쩌면 인간의 보편적인 욕망일지도 모른다. 그렇게 생각하니 그가 '태양의 여자'라는 제목으로 소설을 쓴 게 우연이 아니라 무척이나 자연스러운 일로 여겨졌다. 다만 그가 무엇을 아름답게 여기고 무엇을 애타게 그리워하는지 알지 못했고, 또 그 마음을 이런 식으로 표현할 수 있는 사람이라는 사실을 지금껏 몰랐을 뿐이다. 진설은 그와 가까운 곳에서 평생을 함께했지만, 진설에게 그는 여전히 낯선 존재였다.

진설은 그가 남긴 소설을 한 번 더 읽었다. 그리고 그 자리에서 컴퓨터의 C드라이브와 D드라이브를 차례대로 포맷했다. '태양의 여자'와 함께 다른 모든 데이터가 삭제되는 과정을 지켜보며 진설은 오랫동안 방치한 기억을 떠올렸다.

진설이 대학에 들어간 지 얼마 되지 않은 무렵, 당시 서른을 코앞에 둔 그는 몇 번이고 진설에게 신신당부했다.

"진설아, 이젠 대학생이니까 예쁜 옷 많이 사 입고 다녀, 어? 화장도 좀 배우고, 친구랑 멀리 놀러 가기도 하고, 항상 멋있게 하고 다니라고. 알았지?"

그는 성인이 된 진설이 멋진 옷과 신상 가방으로 최대한 있어 보이게 쫙 빼입고 매일 친구들과 어울려 다니기를 바랐다. 그 마음이 어찌나 간절했는지 진설이 어쩌다 황금 같은 주말에 아무 데도 나가지 않고 방 안에만 홀로 틀어박혀 있으면 방문 앞을 서성이며 끌끌 혀를 차기까지 했다.

그는 대학을 마치지 못했다. 당연한 결과였다. 본가인 서울에서 산 넘고 물 건너에 있는 어느 지방 소도시의 대학에 들어갔는데, 먼 거리를 통학할 수 없어 혼자 자취를 하다가 조현병이 급격히 악화되었기 때문이다. 애초에 사백 점 만점인 수능을 마치 백 점 만 점짜리 시험처럼 치른 그가 4년제 대학에 입학한 것부터가 에러였다. 하지만 조현병 진단 후에도 장남에 대한 기대를 내려놓을 수 없었던 부모가 오만 군데에 원서를 넣는 바람에 그는 부득불 대학생이 되었다.

예상대로 그의 자취 생활은 아주 위태로웠다. 얼마나 보기 아슬아슬했는지 하루는 집주인 아저씨가 직접 집에 전화를 했다고 한다. '어머니, 기분 나쁘게 듣지는 마시고요, 아드님이 좀 아픈 것 같아요. 한번 병원에 가보는 게 어떠십니까?'

그의 캠퍼스 라이프는 그렇게 몇 개월 만에 중단되었

다. 이후 단기 입원과 퇴원을 반복했고, 1학년 가을학기를 제대로 마치지 못해 2학년이 되자마자 자퇴서를 낼 수밖에 없었다. 그럼에도 그는 비록 짧은 기간이지만 자신이 한때 대학생이었다는 사실에 대해 자부심을 가지고 있었다. 인구주택총조사를 나온 조사원이 고졸에 동그라미를 치자 자신은 대학중퇴라며 정정을 요구할 정도였다. 그래서 진설은 그가 자신을 통해 일종의 대리만족을 하려는 게 아닐까, 하는 합리적 의심을 거두지 않았다.

물론 학기 중엔 과제와 팀플로, 방학 중엔 계절학기로 피곤에 푹 절어있는 진설을 보며 그도 서서히 이 반도의 캠퍼스 라이프가 결코 녹록치 않음을 깨닫는 눈치였지만, 그래도 진설이 집 밖을 나설 때마다 그는 눈을 반짝였다. 진설은 그때까지만 해도 자신이 그에 대해서 아주 잘 알고 있다고 확신했었다. 그를 낳아준 부모보다 훨씬 더.

컴퓨터 포맷이 끝난 뒤에도 진설은 책상 앞에 못 박힌 듯 앉아있었다. 그는 언제부터 이런 소설을 쓰고 있었던 걸까? 그리고 왜 아무에게도 자신이 쓴 글을 보여주지 않은 걸까? 아무래도 좋을 것에 대해서는 주절주절 쓸데없이 말이 많았던 주제에 그는 정작 자기 자신에 대해서는 말을 아꼈나 보다. 진설은 모니터 하단에 깜박깜박 점멸하고 있는 빨간 불빛을 바라보며 지금까지 피해왔던 질문을 스스로에게 던졌다. 누가 그에게 물어본 적은 있었나? 그의 소설에 대해서나, 그의 이끼 같은 삶에 대해서. 하드 속에 잠들어 있던 그의 소설처럼, 그가 들려줄 수 있었던 다른 모든 이야기도 아무도 궁금해하지 않았기 때문에 여태껏 수면 아래 감춰져 있었던 건 아닐까?

가족들은 그에게 아침저녁으로 약을 잘 먹었는지, 샤워와 양치질은 꼬박꼬박했는지, 이웃에게 폐를 끼치진 않았는지 등에 관해서는 꼬치꼬치 물었지만, 그 외의 사적인 질문은 거의 하지 않았다. 그렇다고 해서 대화가 전혀 없었던 것은 아니다. 그는 아무 말이나 곧잘 하는 편이었으니까. 특히 가십과 연예계 소식, 굵직한 사회 이슈에 대해 자주 자신의 의견을 덧붙이곤 했는데, 다만 아무도 그 말에 귀를 기울이지 않았을 뿐이다. 그의 말에는 조현병의 증상이 그대로 드러나 있었다. 예의 그 거대한 망상에 기반한 화법은 그가 하는 말의 무게를 모조리 앗아갔다.

관계가 멀면 먼 대로 가까우면 가까운 대로 모두가 그를 한 명의 정신질환자 이상으로 대하지 않았다. 그와 어떤 깊은 대화나 정서적인 교류가 가능하다고 보지도 않았다. 마치 조현병 이외에 그가 한 인간으로서 지닌 다른 부분은 싸그리 포맷되어 버려서 아예 존재하지 않는 것처럼.

진설은 두 눈을 감고 태양의 여자를 떠올렸다. 소설의 마지막 장면에서 여자는 어디론가 전화를 걸려고 했었다. 만약 그랬다면 그 상대는 아마도 그일 거라고 진설은 제멋

대로 단정 지었다. 그러고선 여자가 그에게 무슨 말을 건넬지 상상해보았다.

"국환아, 나야. 그동안 잘 지냈어? 나야 뭐, 항상 잘 지내지. 너 거기서도 정크푸드만 먹는 거 아니지? 그러다가 뼈 삭는다. 작작 먹고 운동도 좀 하고 그래. 뭐? 잔소리하려고 전화했냐고? 아니, 사람에겐 관성이란 게 있잖아. 늘 하던 얘기부터 꺼내야 입이 풀릴 것 같아서 그랬다, 왜! 그나저나 네가 쓴 소설 읽어봤어. 맞춤법은 못 봐줄 지경이지만 그래도 꽤 잘 썼더라. 계속 쭉 써봐. 거기선 남는 게 시간이잖아. 뭐? 바쁘다고? 아, 밀린 영화를 본다고? 됐고, 너 거기서 친구는 사귀었니? 멍하니 있지만 말고 여자도 좀 만나고 그래. 활짝 좀 웃고 다니고. 잔소리가 아니라, 그냥 거기선 여기서처럼 살지 말라는 얘기야. 여하간 미리 내 자리 잘 잡아 놓고 있어라. 뭐? 오지 말라고? 누가 너 보러 간데? 당연히 나도 빨리 갈 생각은 없어. 재미 볼 거 다 보고 가야지. 그래, 너보다 더 즐기다 갈 거니까 걱정하지 마. 그럼 잘 지내고. 이만 끊는다."

그와 통화를 마친 뒤, 태양의 여자는 씩씩하게 하얀 페이지 밖으로 걸어 나올 것이다. 머리부터 발끝까지 잘 차려입고 어디 좋다는 곳은 다 돌아다니면서 여하튼 멋있게 살다가 언제가 될지는 모르지만 결국 그와 다시 만나게 될 것이다. 꼭 그렇게 될 것이다. 그의 방에서 방문을 닫고 나

오는 진설의 얼굴에 희미한 미소가 서렸다. 그의 1주기가
다가오고 있었다.

조현병과 진실

그와 진설은 아홉 살 터울이다. 그래서인지 진설에게 조
현병이 오기 이전의 그에 대한 기억은 단편적으로만 남아
있다. 그에게 조현병의 증상이 나타나기 시작한 게 정확히
언제부터인지조차도 기억이 애매하다. 아마도 진설이 유
치원에 다니고 있을 때쯤? 그러니까 대략 그가 중학교 3학
년일 때 즈음 발병한 것으로 추정할 뿐이다.

그에 반해 병원에서 그에게 내린 진단명은 아주 명료했
다. 그날 이후 그는 카프카의 소설 〈변신〉에 나오는 주인공
처럼 하루아침에 인간에서 벌레로 전락해버렸다. 발병 이
후 그의 이성과 인격은 파도처럼 산산이 부서졌다.

조현병의 증상이 인간으로서의 고유성을 침범할 때마다
그는 아무 예고도 없이 세상 밖으로 내동댕이쳐졌다. 적어
도 대한민국에서 그를 비롯한 조현병 환자는 벌레 이하의
삶을 살았다. 조현병은 유병률이 인구의 1퍼센트 가까이
된다고 알려져 있고, 그 수가 전국적으로 50만 명은 가뿐
히 넘을 것으로 추정되지만, 거리에서는 눈을 씻고 봐도 조

현병 환자를 찾아보기 어렵다. 이쯤 되면 모두 닌자나 투명 인간이 아닌가 싶을 정도인데, 이상하게도 유독 9시 뉴스를 장식하는 강력범죄의 피의자들은 하나 같이 자신을 조현병 환자라고 주장했다.

그때마다 그의 부모는 몸서리치며 억울해했다.

"우리 아들은 저 사람들이랑은 달라. 의사가 그랬어. 조현병이 있다고 해서 더 폭력적이거나 남을 해치는 게 아니라고. 오히려 성질이 모질지 못해서 남 탓보다 자기 탓을 더 많이 하다 보니, 자기를 괴롭히고 괴롭히다 못해 결국 정신이 무너지는 거라고 했어."

부모는 그가 조현병에 걸린 게 전부 자신들 탓이라고 했다. 그가 사춘기에 접어들어 이상한 말과 행동을 시작하자 처음에는 엄격한 훈육으로 다스리려고 하다가 도저히 손을 쓸 수 없을 지경에 이르러서야 병원을 찾은 것이다.

자신들이 애를 그르쳤다는 죄책감과 절박함 때문일까? 진단명이 나온 후에도 부모는 아들의 조현병을 인정하지 않으려 했다. 일시적인 증상일 뿐 약을 먹을 필요까지는 없을 거라며 억지를 부렸고, 큰 병원을 전전하며 조현병이 아닐 수도 있다고 말해주는 정신과 전문의를 찾아 헤매기도 했다. 하지만 어디서도 원하는 말은 들을 수 없었다.

결국 전문적인 치료가 시작되었다. 병원에서는 그에게 할로페리돌, 클로르프로마진, 리스페리돈, 아리피프라졸,

클로자핀 등의 약물을 짧게는 6주 길게는 6개월 이상의 주기를 두고 마치 레고를 조립하듯 바꿔가며 처방했다.

그러나 병식이 생기는 것은 치료와는 완전히 다른 차원의 일이었다. 그는 몇 번이나 입원과 퇴원을 반복하고도 자신을 짓누르는 오만 가지 환청과 환시가 조현병 때문이라는 자각이 없었다. 매일 두 번씩 고용량의 항정신성 약물을 먹어야 했는데, 약을 스스로 삼키게 되기까지는 무려 5년 이상이 걸렸다.

그는 서서히 자신이 처한 상황을 받아들였다. 조현병을 진단받고 약 8년 정도 지나자 자신의 관자놀이 부근을 손가락으로 심드렁하게 쿡 찌르며 "난 여기가 아프잖아"라고 아무렇지 않게 읊조릴 수 있게 되었다. 그때 그의 나이가 스물다섯인가 그랬다.

장기간의 약물치료는 그를 점차 낯선 사람으로 바꾸어놓았다. 몇 년이 더 흐르자 다시 입원하는 일은 없어졌지만 동시에 그의 발음은 지극히 우둔해졌다. 키 183센티미터에 55킬로그램이던 몸무게가 0.1톤이 넘는 과체중이 되었으며, 잠잘 때마다 베개가 흠뻑 젖을 정도로 침을 한 바가지씩 흘렸다. 그리고 도무지 몸을 가만히 두지 못했다. 심할 때는 눈을 위로 홉뜬 채 발작적으로 한 자리를 빙글빙글 돌기도 했다.

또한 가족력이 없는데도 당뇨와 고콜레스테롤혈증 고위험군 환자가 되어 분기마다 한 번씩 병원에 가서 피검사를 받아야 했다. 모두 정신의학 교과서에 나오는 1세대 약물의 전형적인 부작용이었다. 담당 의사는 새로운 부작용이 나타날 때마다 일시적인 증상이라고 말했고, 가족들은 침묵했다. 모두가 양자택일해야 하는 상황임을 알고 있었다. 증상에 시달리느냐 부작용에 시달리느냐, 둘 중 하나를 선택할 수밖에 없었다.

조현병 환자의 가족으로서 중요한 걸 놓치고 있다는 사실을 깨달은 건 한참 뒤의 일이었다. 진설은 도통 잠을 잘 수 없어 졸피뎀을 처방받기 위해 동네 신경정신과를 찾았다가 중년의 여자 의사에게서 뜻밖의 이야기를 들었다.

"제가 매일 이 진료실에서 예수님이랑 부처님을 몇 분이나 만나는지 아세요? 한두 분이 아니에요. 그분들 모두 자신을 유일한 구원자라고 주장하면서 토씨 하나 안 틀리고 똑같은 얘기를 하시죠. 정신질환이라는 게 그래서 안타깝고 가슴 아픈 거예요. 그 사람은 어디론가 사라지고 증상만 남으니까요."

의사는 두 손을 모아 쥔 채 나지막하지만 분명한 목소리로 덧붙였다. 그러므로 환자뿐 아니라 가족도 정신과 질환의 증상에 대해 잘 알아야 한다고. 진설은 당황했다. 생각해보니 진설과 가족은 여태껏 조현병에 대해 잘 알아보려고 적극적으로 시도한 적이 없었다. 그저 그가 치료되기만을 바라며 병원에 모든 것을 맡긴 채로 그냥 버티고 있을 뿐이었다.

게다가 그의 부모는 여전히 아들의 조현병을 받아들이지 못하고 있었다. 머리로는 그의 병을 알면서도 마음으로는 헛된 소망을 버리지 못했다. 아버지는 정기검진 때마다 이제 많이 좋아졌으니 약을 끊어도 되지 않느냐고 의사에게 물어보곤 했다. 그가 서른이 되었을 때는 어떻게 하면 빨리 장가를 보낼 수 있을지 진지하게 고민했다. 그만큼 정상성에 대한 집착이 뿌리 깊었다.

부모는 끝까지 아들의 장애인 등록을 하지 않았고(오히려 당사자는 지하철 운임 감면 혜택을 받기 위해 장애인 등급을 받고 싶어 하는 눈치였지만) 철저하게 아들의 병력을 쉬쉬했다. 할머니와 할아버지는 물론이고 가까운 친족조차 그의 정확한 병명을 알지 못했다. 그는 그저 집에서 쉬는 애, 장사를 준비하고 있는 애, 그냥 놀고 있는 애 정도로 설명되었다. 다행인지 불행인지 대한민국엔 백수가 늘 넘쳐났기에 그런 빈약한 설명에도 부모는 그럭저럭 아들의 상태를 숨길 수 있었다.

자연히 그의 여동생들에게도 절대로 집 밖에서 손위 형제에게 조현병이 있다는 사실을 발설해서는 안 된다는 함구령이 떨어졌다. 특히 막내인 진설은 어렸을 때부터 이런 당부 아닌 당부를 귀에 인이 박이도록 들었다.

"그 사실을 입 밖에 내는 순간 사람들이 다시는 너를 전처럼 보지 않을 것이다. 조현병에 걸린 사람의 동생으로만 볼 거야. 그리고 네가 뭔가 실수하거나 잘못할 때마다 기다렸다는 듯이 조현병을 들먹이겠지. 마치 꼬리표처럼 조현병이 네 뒤를 따라붙게 될 거야, 평생."

이 자기실현적 예언에 가까운 조기교육 때문인지 진설은 아무에게도 그에 대해 말하지 않았다. 그가 세상을 떠날 때까지. 진설에게 그는 있지만 없어야 하는 사람, 없는데 분명히 존재하는 그런 사람이었다.

그래서일까? 진설은 어려서부터 남들에게 보여줄 수 있는 것과 보여줄 수 없는 것을 뚜렷이 구별 짓는 것에 능숙했다. 가까운 친구나 연인에게도 말할 수 없는 것, 보여줄 수 없는 것이 있다는 게 마치 숨 쉴 때 공기가 필요한 것처럼 아주 당연한 일이 되었다. 그리고 친구나 연인에게서 이런 말을 자주 들었다.

"우리 사이에 벽이 있는 것 같아."

어떤 이들은 이 말을 남기고 진설을 떠났고, 어떤 이들은 진설이 자신을 잡아주길 기다렸다. 하지만 진설은 애당초 그 '벽'이 무엇을 의미하는지조차 알지 못했기에 그들을 붙잡지도 않았고, 변명도 하지 못했다. 진설은 자신이 솔직하지 않다고 생각해본 적이 없었다. 모든 걸 다 보여주는 관계는 아니었어도, 보여줄 건 다 보여줬었으니까. 그리고 '진실'이라는 게 너무 과대평가된 거 아닌가 생각했다. 정말 사람들이 말하는 것처럼 진실에 그만한 가치가 있을까, 하고 진설은 항상 의심했다. 그만큼 진설에게는 진실과 생존의 경계가 언제나 너무 모호했다.

진실은 후지다

그리고 진실은 대부분 후졌다. 진설이 남들에게 말하지 않은 진실은 대개 집 안에서 참 후지게 벌어졌다. 진설이 기억하기로, 그는 중학생 때부터 담배를 하루에 한 갑은 피웠다. 당시에 그가 어울리던 무리는 안경을 끼고 허연 피부에 비누 냄새를 풍기는 이들이었기에, 그가 누구에게 담배를 배웠고 무슨 수로 매번 '말보로 레드'를 공수할 수 있었는지는 아직도 미스터리로 남아있다.

아버지가 체벌을 해도 그는 담배 피우는 걸 그만두지 않았다. 심지어 매가 부러질 정도로 맞은 날에도 밤이 되면 보란 듯이 창문을 열고 마치 아무 일도 없었다는 듯 또 줄담배를 피워댔다. 그는 아침에 눈 뜨자마자 담배부터 입에 물 만큼 발랑 까졌지만 적어도 진설의 앞에서만큼은 흡연자인 티를 내지 않으려고 애를 썼다. 진설이 유치원에서 돌아오자마자 방문을 벌컥 열면, 그는 교복 차림으로 양팔을 창틀에 걸치고 탁한 연기를 내뿜다가도 황급히 한참 남은 장초를 비벼 끄곤 했다. 진설이 짐짓 목소리를 깔며 "지금 피웠지? 다 봤어." 하고 채근하면, 웃으며 다가와 진설의 양 옆구리를 간지럼 태우곤 했었다.

또 그는 중증의 시네마 키드였다. 프레임 단위로 재생되는 스크린 속 세상을 누구보다도 사랑했다. 그도 그럴 것이 스크린 밖 그의 세상은 너무 퍽퍽했다. 서울대를 나온 것에 자부심을 느끼는 아버지는 하나뿐인 아들이, 그것도 집안의 장남이자 장손인 아들이 학교에서 유명한 꼴통이라는 사실을 도저히 용납하지 못했다. "명문대까진 바라지 않는다. 그래도 학생이라면 최소한 공부는 해야 할 거 아니야."

아버지의 기대가 무너질수록 그는 점점 고립되었다.

"오늘은 몇 대 맞을래?"

"아버지 마음대로 하세요."

그는 맞아도 앓는 소리를 내지 않았다. 흠씬 두들겨 맞은 뒤엔 아버지가 맷값처럼 손에 두둑이 쥐여주는 용돈을 들고 청계천 시장을 찾았고, 아직 정식으로 수입되지 않은 영화의 비디오테이프를 구하러 다녔다.

때가 되면 그의 친구들이 우르르 몰려와 그의 컬렉션을 구경하곤 했는데, 그럴 때마다 진설은 그의 방문 밖에 우두커니 서서 영화가 끝나기를 기다려야 했다. 교육상 좋지 않다는 이유로 그가 입장을 허락하지 않았기 때문이다.

그의 허벅지 위에 앉아 난생처음으로 디즈니 로고가 뜨지 않는 영화를 본 날을 진설은 아직도 생생하게 기억한다. 중간중간 커다란 손바닥이 진설의 시야를 가렸고, 그 손에서는 전자레인지로 튀긴 팝콘의 버터 냄새가 났다.

진설이 초등학교 입학을 앞둔 해에 그는 강남 8학군 소재의 남고에 진학했다. 그는 여전히 외로웠고, 고립되어 있었다. 바뀐 것은 훌쩍 커버린 키와 담배 상표밖에 없었다. 그는 '말보로 레드' 대신 '카멜'을 피우기 시작했고, 갑자기 진설에게 농구를 가르치려고 들었다. 그는 내킬 때마다 진설을 운동장으로 끌고 다녔다.

"여기 서서 공을 던져봐. 저기 백보드에 직사각형 그려진 거 보이지? 그 안을 맞춘다고 생각해. 아니, 무릎을 써야지. 오른팔을 쭉 펴고. 왼손은 그저 거들 뿐! 에잇, 정말. 패대기치지 말고."

하얀 입김이 뿜어져 나올 정도로 추운 이른 봄날이었다. 더벅머리를 한 그가 운동장에서 한쪽 무릎을 꿇고 앉아 빨간 코트를 입은 진설에게 농구를 가르치느라 씨름하고 있었다. 스카치테이프가 온통 덕지덕지 붙어있는 안경을 삐뚜름하게 코에 걸치고서. 안경 코 받침이 있어야 할 자리에는 그가 대충 뭉쳐 만든 것이 분명한 하늘색 지점토 덩이가 붙어있었다. 진설은 그가 머플러를 너무 세게 동여매는 바람에 숨이 막혀 캑캑거리면서도 불평하지 않았다. 그의 손에 이끌려 나온 운동장에서 맡은 차가운 밤공기가 진설의 가슴을 설레게 했다. 어린 진설에겐 그와의 모든 시간이 두근거렸었다.

그즈음 그의 학교생활이 심상치 않았다. 입학한 지 얼마 지나지 않아 담임이라는 사람으로부터 매일 같이 전화가 오기 시작했다. 통화가 끝나면 어머니는 급히 집을 나섰고, 그렇게 어머니가 학교로 소환된 날이면 아버지가 평소보다 일찍 퇴근했다.

그런 날이면 그는 오히려 더 늦게 집에 들어왔는데, 그러면 아버지는 노선을 바꾸어 아들과 대화를 시도하다가 화를 내며 펄쩍펄쩍 뛰기도 하고, 울고 달래며 빌기도 했다. 그러나 그의 반응은 영 시원치 않았다. 무슨 말을 들어도 네, 하고 영혼 없는 대답을 내뱉고는 이내 아무 표정 없이 먼 곳을 응시할 뿐이었다.

이때부터였던 것 같다. 밀가루 반죽처럼 허연 피부를 한 안경잡이 친구들이 더는 집에 놀러 오지 않게 된 것이. 그는 청계천에 비디오테이프를 사러 가는 것도 그만뒀다. 대신에 남들이 학교 가는 시간에 혼자 영화관에 갔고, 진설은 그의 책상 한쪽에 나날이 쌓여가는 영화 팸플릿을 몰래 가져와 읽곤 했다. 그렇게 그는 스스로 고립되어 갔다. 마치 외딴 섬처럼. 학교에서도 집에서도 홀로 부유하고 있었다.

한낮에도 집 안은 마치 두껍고 짙은 안개가 낀 것처럼 숨이 막혔다. 그런 와중에도 진설의 집을 방문하는 그의 친구가 딱 한 명 있었는데, 바로 H군이다. 그가 중학교 때 어울리던 무리와 달리 H군은 피부가 아주 까무잡잡했다. H군은 진설에게도 아주 살가웠는데, 한번은 담배 연기로 도넛을 만들어 보여주겠다고 설치다가 때마침 간식을 챙겨 방으로 돌아온 그의 발차기에 맞아 침대에서 굴러떨어진 적도 있었다. H군과 함께 있을 때 그는 큰 소리로 떠들기도 하고 웃기도 했다. 그래서 진설은 내심 H군이 자주 놀러 와주기를 바랐다. 나중에 진설의 가족 앞에서 H군은 그와의 인연을 이렇게 회상했다.

"마치 국환이가 불쌍해서 제가 친구가 되어준 것처럼, 저한테 자꾸 고맙다고 말씀하시는데 그런 게 아니에요. 우린 둘 다 아무도 놀 사람이 없었어요. 학교에서도 그렇고, 집에서도 그렇고. 그때 저한테도 국환이밖에 없었습니다. 걔가 제 유일한 친구였어요."

돌이켜보면 그때 이미 그는 예감하고 있었던 것 같다. 진설 앞에서 오롯이 오빠로서 있을 수 있는 시간이 얼마 남지 않았다는 것을. 하루에 담배를 스무 개비 넘게 피워대며 독한 연기를 연거푸 들이마셨던 것도 어쩌면 쉼 없이 공회전하는 수많은 환청을 쫓아내 보려는 그 나름의 발버

둥이었을지도 모르겠다. 어쨌거나 그는 그 짧은 시기만큼
은 정말 오빠다웠다.

조현병의 그림자는 시시각각 그 크기를 키워가며 그를
덮쳐왔다. 고등학교에 입학하고 얼마 뒤 그의 이상행동이
걷잡을 수 없는 지경에 이르렀다. 하루는 어디서 구해왔는
지 호스를 샤워기 헤드에 연결해 손에 들고서 방 안에서
정신없이 휘두르기 시작했다. 사방에 물이 흩뿌려졌고, 그
가 사랑했던 비디오테이프와 영화 팸플릿이 사정없이 젖
어 들어갔다. 그는 무엇인가를 계속 중얼거리며 방 구석구
석 물을 뿌리다가 마치 배터리가 방전된 것처럼 갑자기 멈
췄다. 거센 물줄기를 토해내던 샤워기 헤드가 바닥에 떨어
져 살충제를 먹은 바퀴벌레처럼 버둥거렸다. 입만 뻥끗거
리며 문지방을 밟고 올라서서 그를 지켜보던 진설의 발과
얼굴에도 차가운 물방울이 자꾸 튀었다.

이상행동이 나타나는 주기는 점점 짧아졌고 스케일은
더욱 커졌다. 태풍이 치는 어느 여름날에는 한 대에 백만
원 가까이 하는 공업용 선풍기를 여섯 대나 용달차로 실어
온 뒤, 집 안의 창문을 전부 열어놓고 한꺼번에 작동시키기
도 했다. 어느 날엔 야구 배트를 휘두르며 집 안의 집기를
다 때려 부수거나 온 벽에 페인트를 칠하기도 했다. 그때마
다 누군가가 자신을 늘 감시하고 있으며 죽이려 한다고 소
리 질렀다. 그는 더는 잠을 자는 것 같지 않았다. 깨어있을

때도 항상 악몽을 꾸는 듯한 눈빛이었다.

부모는 이때도 학업 스트레스 때문에 그런 것일 뿐 곧 진정될 거라고 하면서 그를 병원에 데려가지 않았다. 이번에도 같은 진단이 나오면 그때는 정말 아들이 조현병이라는 사실을 받아들여야 했기에 계속 주저했다.

그렇게 치료가 미뤄지는 동안 그는 하루가 다르게 망가져 갔다. 급기야 어느 날은 자신에게만 들리는 목소리와 대화하다 몹시 격앙한 나머지 과도를 휘두르다가 그만 자신에게 상처를 입히고 말았다. 피를 보자 그는 더 날뛰기 시작했고, 부모와 진설의 언니는 칼을 든 그를 피해 한겨울에 맨발로 아파트 밖으로 도망쳐야 했다. 빨리 뛸 수 없는 일곱 살의 진설을 집에 남겨둔 채로.

"어디 가!"

뒤늦게 가족을 찾아 현관으로 향하던 진설에게 그가 식탁 의자에 앉아 물었다. 그는 진설 쪽을 쳐다보지도 않았다. 손은 피투성이인 채였고 흥분이 가라앉지 않았는지 숨이 아직 거칠었다.

"오빠, 나야. 진설이야"

그는 아무 대답도 없이 고개를 푹 숙였다. 진설은 계속해서 같은 문장을 앵무새처럼 반복했다.

"오빠, 나야. 진설이야"

말하면 말할수록 눈물이 나왔다. 그는 이제 내가 누군지도 모르는 걸까. 이 사람은 이제 내 오빠가 아닌 걸까. 그러면 오빠는 어디 간 거지…? 진설은 자신이 알던 그가 정말 이 세상에서 없어진 것 같아 너무 안타까웠다. 동시에 너무 무서웠다. 진설은 거실 한가운데 서서 눈을 질끈 감았다.

잠시 뒤 의자 끌리는 소리가 나더니 곧이어 방문이 닫히는 소리가 들렸다. 눈을 떠 보니 그는 사라지고 식탁 위에 피 묻은 과도만 덩그러니 놓여있었다. 진설의 오빠가 그렇게 조현병 너머로 사라졌다. 결별의 순간이었다.

잠시 후 가족들이 경찰을 대동하고 집으로 돌아오면서 소동은 막을 내렸다. 그리고 며칠 뒤, 그는 집으로 찾아온 세 명의 순경에게 사지를 붙들려 그대로 정신병동에 들어갔다. 전문의와 부모의 판단하에 이루어진 강제 입원 조치였다. 그렇게 허겁지겁 치료가 시작되었다. 하지만 대부분의 조현병 환자가 그렇듯, 그때는 이미 초기의 결정적 시기를 놓친 뒤였다.

한마디로 표현하기 어려운

시간이 훌쩍 흘러 그가 자기 자신의 병을 인식하게 된 후에도 그 시절의 그는 돌아오지 않았다. 다른 사람처럼 변해버린 그와 진설은 악화일로로 치달았다. 진설이 열다섯

살이 될 즈음에는 이미 돌이킬 수 없을 정도로 관계가 험악해졌다.

둘은 하루도 빠지지 않고 부딪혔다. 충돌의 수위가 감정적인 말싸움을 뛰어넘을 때가 많았다. 진설은 자주 응급실 신세를 져야 했고, 흉터를 없애기 위해 클리닉을 다녀야 했다. 그러면서도 이까짓 일로 겁을 내고 물러선다면 그거야말로 진짜 후진 거지, 하며 눈앞에 벌어진 사태의 심각성을 깎아내리고, 상처입는 것쯤은 별일이 아닌 것처럼 굴었다. 그렇게 진설은 여기저기 드레싱을 한 몰골로 등교를 하고, 각종 경시대회에도 빠지지 않고 참가했다. 주변에서 요즘 너무 자주 넘어지는 게 아니냐며 의아한 시선을 던질 때면 내가 좀 덤벙거리잖아, 하며 대수롭지 않게 웃어 보이기까지 했다.

진설이 그와 사사건건 부딪치며 갈등을 빚는 이유는 복잡한 듯하면서도 단순했다. 우선 집 안에서 그에게 '안 돼! 하지 마! 그만해!'라고 말하는 사람이 진설 말고는 아무도 없었다. 부모는 아들이 더는 입·퇴원을 되풀이하지 않는 것만으로도 감지덕지하며 그를 감싸고돌기만 했다. 그저 부모를 잘못 만난 탓에 기막힌 정신병에 걸려 정상인의 범주에서 벗어나게 된, 세상에서 가장 불쌍한 아들로만 바라봤다. 무엇보다도 그의 부모에게는 조현병으로 마치 원자폭탄에 피폭된 것처럼 사회성과 인지능력이 파괴된 아들의 민낯을 직시할 용기가 없었다.

조금이라도 죄책감을 덜기 위해서인지 몰라도 부모는 맹목적으로 아들이 조현병 전후로 크게 변한 것이 없다고 믿으려 했다. 한번은 그가 지하철역 노숙자에게 가지고 있던 현금 뭉치를 몽땅 내주고 빈털터리로 돌아오자, 부모는 이 사실을 진설에게 알리며 지금이나 옛날이나 그가 똑같이 고운 심성을 가지고 있다며 흐뭇한 얼굴을 했다.

또 그가 아비멜렉 같은 성경 속 마이너한 등장인물에게 자신을 투사하고 망상을 늘어놓을 때면 부모는 어릴 때 주일학교에서 배운 걸 지금까지 기억한다며 내심 뿌듯해하곤 했다. 전형적인 조현병 증상 그 이상도 그 이하도 아닌 그의 언동에서 부모는 조현병 이전의 모습을 찾으려 애쓰며 속절없이 냉탕과 온탕을 오갔다.

결국 그에게 조현병 발병 이후의 삶을 어떻게 살아야 하는지 알려주는 사람은 아무도 없었다. 재활 치료를 꾸준히 하면 뇌의 정상적인 부분이 이미 손상된 뇌 부위의 기능을 상당 부분 대체하게 된다고 하지만, 이를 위해 약물치료 이외에 또 무엇을 어떻게 해야 하는지에 대해서 진설의 가족은 처참할 정도로 무지했다.

점점 그는 어린아이처럼 변해서 집안에서 폭군이나 다름없이 군림했다. 새벽부터 어머니에게 밥을 차리게 하고, 돈을 하루에도 몇 번씩 타갔으며, 그 돈이 바닥나면 외상으로 펑펑 사재꼈다. 그는 씻지도 않았고, 자기가 어질러놓은 걸 치우지도 않았으며, 원하는 걸 얻기 위해서는 목적과 수단을 가리지 않았다.

그의 안하무인 격인 행동은 점점 강화되어 때때로 집안일을 도와주는 아주머니나 경비원 아저씨에게 시비를 걸기까지 했다. 밖에서도 아무 이유 없이 길 가는 사람들에게 눈싸움을 걸거나 어깨치기를 시전하기도 했는데, 주로 자신보다 체구가 작거나, 나이가 많거나, 힘이 약한 사람들을 타깃으로 삼았다.

진설은 그런 행동을 참을 수가 없었다. 조현병이 있다고 다 저렇게 살아도 될 리가 없지 않은가. 조현병이 무슨 국가 공인 개차반 자격증도 아니고. 원래대로라면 보호자인 부모가 그의 재교육을 책임지는 것이 맞지만, 아이러니하게도 부모는 아들이 조현병을 이겨내고 다시 정상적으로 살 수 있다는 실낱같은 희망을 버리지 못했고, 그가 조현병과 함께하는 삶에 적응할 수 있도록 돕는 재활 치료에 소홀했다. 이런 상황에서는 결국 가장 참지 못하는 사람이 독박을 뒤집어쓰게 되어있다. 따라서 그 역할은 자연스럽게 오롯이 진설의 몫으로 넘어갔다.

어린아이 티를 벗은 지 얼마 되지도 않은 열다섯 살 중학생이 그 역할을 결코 감당할 리 없었지만, 진설에게 다른 선택지 따위는 없었다. 진설은 그저 지병으로 고생하는 어머니의 마른 뺨이 조현병을 짊어진 그보다 더 불쌍해 보일 따름이었다. 그리고 '우리 집엔 이제 너밖에 없다'며 진설의 등을 두드리는 아버지의 기대를 저버리고 싶지도 않았다. 진설은 둘 중 하나를 선택해야 했다.

"가족이야? 아니면 너야? 네가 먼저 살리고 싶은 게 누군지 잘 생각해보라고."

그때 진설은 어렸고, 그만큼 어리석었으며, 또 아주 필사적이었다. 자기 한 명이 희생하면 가족이 전부 살 수 있다고 믿었고, 자신이 노력하면 무너진 가정을 회복할 수 있다고 믿었다. 이 어려운 문제를 해결할 수 있는 사람은 오직 자신밖에 없다는 일종의 우월감인지 사명감인지 모를 감정에 사로잡혀 있기도 했다. 비극의 전조였다.

　　　　　　　　　그는 중앙처리장치가 고장난 컴퓨터와 같았다. 명령어 실행을 위해 필요한 데이터를 입력하면 예측 불가능한 값만이 출력되었다. 그에게 외출 후 손 씻기와 같은 기본적인 위생 관념을 심어주는 데 몇 년이 걸렸다. 진설은 그에게 쓰레기통을 비우게 하고, 자신이 설거지를 마칠 때까지 그를 개수대 앞에 세워두기도 했다. 화장실 문안으로 그를 밀어 넣은 뒤 다 씻을 때까지 참을성 있게 기다렸고, 그가 해야 할 일을 하지 않으면 마칠 때까지 몇 시간이고 끈질기게 그와 대치했다. 그러면 그가 다시는 안 그러겠다며 순응할 때도 있었지만, 그보다는 자신은 아무 잘못도 없는데 왜 이러냐고, 다 집어치우라고 진설을 향해 소리 지르며 저항하는 경우가 훨씬 더 많았다. 매일 승자는 없고 패자만 있는 전투가 무한히 반복되었다. 날이 밝으면 초기화된 그가 떡하고 버티고 서 있는 링 위에 진설은 어김없이 또 올라가야 했다.

이 과정은 아주 지난했으며, 무엇보다 끔찍하게 외로웠다. 부모는 진설이 그를 가르치려 드는 걸 보기 불편해했고, 진설의 보호자 역할을 인정하지 않았다. 진설에게 그는 당장 관리가 필요한 대상이었지만, 부모는 한참 어린 진설이 그를 오빠로 대우하지 않아서 둘이 자꾸 싸우는 거라며 진설만을 혼냈다. 매사를 그에게 다 맞춰주고 이해해줘야 한다는 식이었다. "안 돼. 하지 마. 그만해." 부모는 아들에게는 차마 하지 못했던 말을 진설을 향해서는 너무 쉽게 내뱉었다.

"자꾸 왜 일을 크게 만드니. 네가 계속 강하게 나가니까 이 사달이 나는 거 아니겠니. 네가 아랫사람인데 오빠에게 그렇게 말하면 되겠니? 게다가 오빠는 아프잖아."

그와 충돌할 때마다 부모는 매번 진설을 탓했고, 그러다가도 그의 이상행동이 감당할 수 없을 정도로 폭주하면 슬그머니 진설의 등 뒤로 숨었다. 그가 부모 말은 귓등으로도 듣지 않지만, 진설의 말에는 즉각 반응했기 때문이다. 부모보다 진설을 더 어려워했기에 사실상 그를 제지할 수 있는 사람은 오로지 진설밖에 없다는 걸 부모도 잘 알고 있었다.

진설은 점점 지쳐갔다. 누군가 자신을 보이지 않는 투명한 밧줄로 꽁꽁 묶어놓고 날카로운 날붙이로 살갗을 한 점 한 점 저미는 것만 같았다. 그러던 어느 날, 고등학생이던 진설이 모의고사를 치르고 평소보다 일찍 집에 돌아왔을 때였다. 그가 진설의 방에서 가정부 아주머니를 향해 삿대질하며 소리를 지르고 있었다.

"여기 봐. 아직도 더럽잖아. 진설이는 깨끗한 걸 좋아한다고요. 여기랑 여기 제대로 안 치워요?"

진설은 서둘러 방으로 달려가 아주머니를 재빨리 자신의 등 뒤에 서게 했다.

"이게 무슨 짓이야? 권사님, 죄송해요. 들어가 계세요."

"어이, 아줌마! 어딜 들어가! 돈을 줬으면 일을 똑바로 해야 할 거 아냐!"

그때 진설의 내면에서 무언가 뚝 하고 끊기는 소리가 났다. 그의 인격이 안하무인으로 초기화된 듯했다. 밑 빠진 독에 물을 부은 것처럼 허무하게 진설이 쏟고 또 쏟았던 노력이 죄다 바닥으로 흘러내렸다. 어제도 그랬고 오늘도 그랬으니, 내일도 그리고 모레도 도돌이표를 그리겠지.

그 순간 진설은 저도 모르게 손을 들어 올렸다. 그토록 혐오했던 그의 모습처럼. 폭력은 쉽게 전염되는 법이니까.

"치려고? 쳐봐."

그때 아주머니가 몸을 던져 둘 사이를 가로막았다.

"아가, 나 괜찮아, 응? 나 마음 안 상했어. 그러니까 제발, 두 사람 다 그만 좀 해요들!"

진설은 울먹이며 자신을 붙잡고 말리는 아주머니를 내려다보며 깊은 피로감을 느꼈다. 언제부터 이렇게 손이 먼저 나가게 된 걸까. 얼마 전 그가 어머니와 진설의 언니에게 손찌검한 게 발단이었을 것이다. 그날 학원에서 돌아왔는데 집안의 분위기가 평소보다 더 무거웠다. 이상하게 여긴 진설은 어머니를 추궁해 이 사실을 알고, 곧장 그의 방안으로 쳐들어가 길길이 날뛰며 그와 육탄전을 벌였었다.

고기도 먹어본 놈이 잘 먹는다고, 그렇게 몇 번 얻어맞았더니 맞는 것뿐 아니라 때리는 것도 덩달아 쉬워진 걸까. 이런 자신이 정상일 리가 없었다. 진설은 자신도 그처럼 어딘가 망가져 버렸다는 걸 깨달았다. 자신의 노력만으로 그를 사회의 일원으로 복귀시킬 수 있을 거라는 믿음이 치기 어린 망상에 불과하다는 것도. 진설은 두 눈을 질끈 감았다. 역시 진실은 반박할 수도 없게 후졌다.

그와 진설의 관계를 한마디로 뭐라고 정리할 수 있을까? 그와 진설이 매일 사사건건 갈등을 빚은 것은 사실이지만, 그렇다고 둘 사이를 단지 상극이라든가 원수라고 단정 짓기는 어렵다. 교육 담당자와 교육 대상자라고 하기도 좀 그렇다. 둘은 피를 나눈 남매이기도 하니까. 그리고 무엇보다 둘의 관계를 정의 내리기 전에 특기할 만한 사항이 있다. 기본적으로 그가 진설을 맹목적이다 싶을 정도로 따랐다는 것이다.

그는 마치 강아지가 주인의 눈치를 살피듯 매 순간 진설의 눈치를 살폈고, 누구보다도 빠르게 진설의 감정변화를 알아채곤 했다. 진설이 영 기분이 좋지 않은 날이면 시키지 않아도 알아서 빠릿빠릿하게 양치질을 했고, 자기가 씻은 재떨이를 굳이 진설 앞에서 확인시켜주기도 했다. 반대로 진설의 기분이 좋아 보이는 날이면 롯데월드나 영화관에 가자고 하면서 적극적으로 외출을 제안해오기도 했다.

집안에서 그는 항상 진설을 지켜보았다. 어찌나 촘촘하게 주시하는지 진설이 어쩌다 눈썹을 잘못 그리면 곧바로 여기가 더 높네, 짝짝이네, 하며 지적하곤 했다. 또 진설이 누군가와 통화라도 하면 그 근처를 서성이며 대화 내용을 엿듣기도 했다. 그래서인지 그는 진설의 교우 관계와 애정전선을 매번 소름 돋을 정도로 정확히 파악하고 있었다.

이러다가도 그가 규칙을 어기고 행패를 부리기 시작하는 순간 둘은 살벌하게 충돌했으며, 이웃의 신고로 경찰에서 연락이 올 때까지 진흙탕 싸움을 지속했다.

신기한 점은 이런 와중에도 그가 매일 진설을 위해 선

물을 준비하곤 했다는 것이다. 물론 정말 순수하게 선물을 주고 싶은 마음만 있는 것은 아니었다. 그에게 진설을 위한 선물이란, 요컨대 그가 거침없이 더 많은 사치를 부릴 수 있게 해주는 일종의 명분에 가까웠다. 그는 남에게 자랑할 수 있을 만한 것이라면 그게 뭐든 갖고 싶어 했다. 새 전자기기, 새 음반, 새 옷, 새 액세서리 등을 끊임없이 사들였다. 그러느라 가진 돈을 물 쓰듯 탕진해버려서 언제부턴가 매달 받던 용돈이 일주일에 한 번으로 액수가 쪼개졌고, 나중에는 하루 단위로 쪼개져 상대적으로 적은 금액의 용돈을 타가게 되었다.

그래도 진설을 향한 그의 광적인 선물 공세는 계속되었다. 그게 맛동산 과자 한 봉지일 때도 있고 동대문에서 사온 게 분명한 가짜 롤렉스 데이저스트일 때도 있었지만, 어쨌거나 하루 이틀이 아니라 십 년 가까이 그는 거의 매일 진설에게 선물 공세를 펼쳤다. 심지어 진설을 향해 죽일 듯 달려든 바로 그 다음 날에도 뜬금없이 지하철 잡상인에게 산 것 같은 휴대용 라디오 따위의 조악한 쓰레기를 선물이랍시고 내밀었다. 진설이 그와의 진흙탕 싸움 끝에 병원에라도 간 날이면 선물의 가짓수가 더 늘어나기도 했다.

진설이 하루는 그가 보는 앞에서 일부러 그가 준 선물을 전부 쓰레기통에 버렸다. 매일 하루 용돈을 다 털어서 쓰레기를 사 오지 못하게 하기 위해서였다. 그 뒤로 며칠은 잠

잡하기에 드디어 해방인가 싶더니 그가 더 비싼 쓰레기를 사 오기 시작했고, 그 뒤로 진설은 그의 선물에 일절 아무 반응도 보이지 않기로 굳게 마음먹었다.

"진설아, 선물이야, 선물. 방문 좀 열어줘."

그는 꼭 선물이라는 단어를 한 번 더 강조하곤 했다. 가끔은 편지를 써서 보내기도 했다. 그가 주는 선물은 일절 받지 않는 진설도 직접 쓴 편지까지는 차마 거절하지 못하는 걸 눈치채고는 가끔 편지지와 함께 선물을 봉투에 넣어서 전달하는 교묘한 수를 쓴 것이다. 막상 열어보면 편지에는 하트 모양 하나가 성의 없이 갈겨져 있거나, '5월은 가정의 달'과 같은 알 수 없는 구절이 적혀 있었다.

그는 왜 그렇게 선물을 주는 데 집착했을까? 진설은 아직도 그 이유를 알지 못한다. 선물 좀 받아줘라, 싫다, 도로 가져가, 하며 수없이 실랑이를 벌이면서도 정작 그에게 나한테 왜 선물을 주고 싶어 하느냐고 물어본 적이 단 한 번도 없었으니까.

둘의 관계는 항상 이런 식이었다. 그렇게 서로의 밑바닥까지 다 내보이며 부딪히면서도 도대체 나한테 왜 이러느냐는 질문 따위는 하지 않았다. 예를 들어 진설이 '손 씻어, 정크푸드 먹지 마' 하고 지시하면, 그는 거부는 할지언정 '네가 뭔데 나한테 이래라저래라 하느냐?' 하며 따지고 들지는 않았다. 진설 또한 '이런 거 사 오지 말라'며 선물을 거절할지언정, 애당초 '왜 자꾸 선물을 주느냐?'고 이유를 물은 적은 없었다. 진설에게 선물을 주는 게 그랬듯이, 그에게는 진설의 개입이 너무나 당연한 일이었다.

그는 알고 있었던 게 분명하다. 그 집에서 자신의 인생을 끝까지 포기하지 않은 사람은 오로지 진설 하나뿐이라는 것을. 그의 부모마저도 조현병으로 그의 인생이 끝장났다고 생각했고, 위로나 포옹 이외에 재활을 위한 노력은 거의 하지 않았으니까. 그러나 진설은 달랐다. 조현병에 걸렸든 아니든 그가 그냥 사람으로 살기를 바랐다. 그래서 그를 포기하지 않을 수 있었고, 그도 그 사실을 잘 알고 있었다.

그러고 보면 진설의 진실을 알아주는 사람은 단 한 명, 그뿐이었다. 정말 우스운 일이었다. 자신이 희생하고 있다는 걸 알아주길 그토록 바랐던 가족은 아무 생각이 없는데, 정작 그걸 알아주는 사람은 그밖에 없었다는 것이. 더 우스운 건 이 둘이 여기에 대해서 단 한 번도 이야기해본 적이 없다는 사실이다. 그렇기에 이 둘은 한마디로 표현하기 어려운, 그런 사이라고 할 수 있겠다.

그날 이후, 나는

그는 개나리가 활짝 핀 봄날에 세상을 떠났다. 간암이었다. 정기검진에서 암이 발견되어 곧바로 치료에 들어갔지만, 암세포는 탱탱볼처럼 그의 몸속 이곳저곳에 전이를 일으켰다. 결국 진단받은 지 2년이 채 되지 않아서 재발에 재발이 거듭됐고, 그는 위중한 상태에 빠졌다. 암세포가 뼈까지 전이되어 나중에는 제대로 서지도 못했는데도 그는 휠체어를 거부하고 자신의 두 발로 천천히 언덕바지를 걸어 올라 서울대병원 암 병동에 입원했다. 그의 인생에서 마지막 입원이었다.

그가 떠나기 직전에 어머니와 아버지 그리고 진설의 언니가 그를 붙들고 사랑한다고 마지막 인사를 건넸다. 오직 진설만이 아무 말 없이 그의 호흡을 돕기 위해 양팔을 그의 목에 두른 채 그의 목덜미에 고개를 푹 묻고만 있었다. 곧 바이털 사인 모니터에서 '삐이' 하고 기계음이 울려 퍼졌다. 그제야 진설은 아주 작게 속삭였다. "오빠, 사랑해."

입원한 지 8일째 되는 아침, 그는 진설의 품 안에서 숨을 거뒀다. 그의 나이 서른다섯이었다.

"우리 오빠, 조현병이었어. 이 말 처음 해 본다. 너한테는 꼭 말하고 싶었는데, 이제야 하게 됐네."

장례식장을 찾아온 태은에게 진설은 육개장을 사이에 두고 고백을 했다. 대학에 들어오자마자 처음 사귄 친구인 태은은 진설이 본 비장애형제 중 가장 당차고 밝았다. 그래서 만약 그에 대해 누군가에게 말하게 된다면 꼭 태은에게 먼저 말하고 싶었다.

이제 진설에게는 말 못 할 것도, 숨길 것도 없었다. 그가 떠난 세상은 무서울 게 없었다. 진설은 아무렇지도 않게 오빠의 조현병에 대해 말하는 자신이 신기했다. 진실은 정말 별거 아니었다. 이때까지 전전긍긍했던 게 허무하게 느껴질 정도로 너무 아무렇지도 않아서 웃음마저 났다.

그의 장례를 마치고 사흘이 지나서 진설은 연구실로 복귀했다. 며칠 뒤 Y교수가 진설을 학교 앞 레스토랑으로 불러냈다. Y교수는 평소 해야 할 말이 있다면 뜸 들이지 않고 이야기하는 양반인데, 역시나 생맥주 한 잔이 진설의 앞에 놓이자마자 대뜸 자기 이야기를 꺼냈다.

"난 이제 걔 얼굴도 잘 생각이 안 나. 웃기지."

그는 숨을 짧게 내뱉으며 살포시 웃어 보였다. Y교수는 진설과 비슷한 나이에 자신보다 열 살 가까이 어린 동생을 병으로 잃었다. 그가 마련해준 이 술자리를 기준으로는 약 25년 전의 일이었을 것이다. 진설은 웃을 수 없었다.

"그런데, 그게 나쁜 것 같지 않아. 시간이 지나면서 희미해지는 게."

굳이 뒷말을 덧붙이지는 않았지만, Y교수가 전달하려는 메시지는 확실했다. '너도 네 인생을 살아라. 잃은 것은 잃은 대로, 잊히면 잊히는 대로 살아가라.' 진설은 대답 없이 고개를 주억거렸다. 정말 시간이 지나면, 한 25년 정도 지나면 그의 얼굴이 잘 기억나지 않을까? 아직은 너무나도 선명한 그에 대한 기억이 마치 손가락 사이로 모래알이 빠져나가듯 그렇게 서서히 잊힐 거라는 말이 진설에게는 슬프게만 들렸다. 상실이 지나간 자리에 뒤늦은 후회가 해일처럼 밀려왔다.

2년 뒤, 진설은 비장애형제 자조모임을 만들어보고 싶은데 함께 하지 않겠느냐는 태은의 전화를 받았다. 마치 무의식 속에서 이런 제안이 나올 것을 알고 있었다는 듯 진설은 바로 대답했다.

"네가 만든다면 나도 도울게."

자기도 모르게 튀어나온 이 말에 진설은 스스로에게 놀랐다. 이제 와서 비장애형제 자조모임이라니. 만들어서 뭐 하려고? 봉사라도 해서 후회나 죄책감 같은 걸 털어보려고? 그건 그냥 그에 대한 부채 의식 때문에 쇼하는 거야.

"태은아, 그런데 너도 알다시피 나는 오빠가 세상을 떠난 후에야 내가 비장애형제라는 걸 인정하고 말하기 시작했잖아. 그러기 전까지는 아무 자각조차 없이 그냥 되는 대로 살아왔고. 지금은 오빠도 없는데, 내가 자조모임에 들어가도 괜찮은 걸까?"

"음, 그래서 같이하면 더 좋은 거 아닌가? 자폐 스펙트럼 말고도 다른 정신적 장애가 있는 형제를 둔 비장애형제

가 많잖아. 그중에는 진설의 이야기가 필요한 비장애형제
도 있을 테니까…"

진설은 잠시 침묵했다. 틀린 말이 아니었다. 비록 지금
은 세상에 없지만 그는 여전히 진설의 오빠이고, 진설은 그
의 동생으로 살고 있었다. 그가 없어도 여전히 진설은 비장
애형제가 맞았다.

태은의 말대로 어쩌면 진설의 이야기가 필요한 사람들
이 있을지 모른다. 진설은 그가 그랬던 것처럼, 어디선가
이끼와 같은 삶을 살고 있을 조현병 환자와 그 가족을 떠
올려보았다. 이 순간에도 세상 어딘가에서 어떤 어린 비장
애형제가 어린 시절의 진설처럼 자신을 희생해서라도 초
토화된 가족을 살리겠다고 고군분투하고 있을지 모른다.
진실은 후지네 어쩌네, 하는 말로 필사적으로 위악을 떨면
서, 그 모든 걸 혼자 감당할 수 있다고 스스로를 몰아붙이
면서, 그렇게 또 다른 어린 진설이 한 치 앞도 보이지 않는
지옥 속을 걷고 있을지도 모른다.

갑자기 뜨거운 기운이 몰려와 진설의 눈가가 붉어졌다.
그들 곁에 누군가가 있으면 좋겠다, 하고 진설은 기도하는
마음으로 바랐다. 누군가가 그들의 이야기를 들어주기라
도 한다면, 어깨를 짓누르는 멍에의 무게를 조금이라도 나
눠줄 수 있다면 정말 좋을 것 같았다. 어린 진설의 옆에는
아무도 없었지만, 만약 그때 누군가 있었다면 진설은 조금

은 다르게 사는 방식을 선택할 수 있었을지도 모른다.

수화기 너머에서 대답을 기다리던 태은이 조심스럽게 말을 이었다.

"난 네 이야기를 듣고 싶어. 나 말고도 진설의 이야기를 듣고 싶어 하는 사람이 또 있을 거야. 무엇보다 어떤 비장애형제의 이야기는 누구보다도 네가 더 잘 이해하고 알아줄 수 있는 부분이 있을 거라고 생각해."

지금까지 진설은 누군가가 자신의 이야기를 궁금해할 수 있다고 생각해본 적이 없었다. 하지만 단 한 명이라도 진설의 이야기를 통해 위로를 얻거나 공감대를 형성할 수 있다면, 그래서 진설이 겪었던 것과 같은 아픔을 피할 수 있다면, 그럴 수만 있다면 괜찮을 것 같았다. 그 이유 하나만으로도 충분히 이제부터라도 비장애형제로 살아볼 만할 것 같았다.

"그래, 해 보자. 나 해 볼게, 비장애형제."

그가 남긴 소설을 발견한 그날처럼 진설의 가슴이 빠르게 뛰기 시작했다. 좀 낯설기는 하지만 진설은 자신을 있는 그대로 직시하며 걸어가 보기로 했다. 태양의 여자가 하얀 백지를 박차고 나와 세상 속으로 걸어 나가듯이. 더는 아무것도 두려워하지 않고, 또 아무도 미워하지 않으면서 그렇게 앞만 보며 걸어가 보기로 했다.

당신들과 나 사이,
띄어쓰기

미정은 새해를 앞두고 자신이 벌써 스물셋이 된다는 게 실감 나지 않는다고 노래를 부르고 다녔다. 단순히 '나이 먹기 싫다'는 감상이 아니었다. 긴 인생을 놓고 봤을 때 스물셋이 결코 많은 나이가 아니라는 것, 좀 과장해서 말하면 '아까' 태어난 것에 가깝다는 것을 미정도 잘 알고 있었다. 나이 끝자리 받침에 'ㅅ'이 들어가면 그때부터가 인생 중반이라는 말 때문일까. 남들도 다 먹는 나이인데도 미정은 왠지 한 살 더 먹는다는 게 너무 무겁고 버겁게 느껴졌다.

2016년 들어 두 번째로 맞이한 토요일, 동아리 뒤풀이 회식에 참석한 미정은 끝없는 술로 그 비현실적인 감각을 잊으려고 했다. 벌컥벌컥, 잘도 마셔댔다. 마실 때는 즐거웠지만 그 끝은 참담했다. 어디서부터 기억이 끊겼는지도 모른 채 정신을 잃었다. 사람들이 정신 차리라며 미정을 깨웠고, 친한 언니는 억지로 미정의 손을 들어 휴대폰의 잠금을 풀었다. 겨우 연결된 엄마와 쩔쩔매며 통화하는 친구들의 목소리를 들으며 미정은 생각했다.

'아…, 엄마는 알면 안 되는데. 엄마는 진짜 안 되는데.'

그 생각을 끝으로 암전. 다시 정신을 차렸을 때는 거실 한복판 환한 불빛 아래 있었다. 머리가 핑핑 돌고 속이 울렁거렸다. 그 와중에도 귀에 제대로 들어오지도 않는 끝없는 잔소리, 잔소리, 잔소리….

"당장 휴대폰 내놔. 앞으로 일주일 동안 아무 데도 못 나갈 줄 알아."

무려 일주일간 외출 금지라니! 자타공인 '유교 걸'인 미정은 상상도 못 해 본 일이었다. 심지어 휴대폰도 빼앗겼다. 혹자는 스무 살이 넘은 다 큰 성인이 부모님의 외출 금지 명령에 뭐 그리 충격을 받느냐고, 그러든가 말든가 뛰쳐나가면 그만이지 않냐며 의아해할 수도 있을 것이다. 하지만 미정은 애초에 그런 '일탈'을 저지를 용기도, 의지도 없었다. 그저 자신에게 내려진 '처분'에 누구보다 깊이 동의하고 공감하며 최선을 다해 따를 뿐이었다.

혹시 여기가 그 자폐…?

그날 이후 꼼짝없이 방에 갇힌 신세가 된 미정은 왠지 혼자 내몰린 것만 같아 자꾸만 기분이 바닥으로 가라앉았다. 미정에게는 그 일주일이 단순한 외출 금지라기보다는 형벌에 가까웠다.

"너 어릴 때 그런 말 했던 거 기억나? 나중에 크면 너처럼 오빠나 동생이 자폐성 장애인인 사람들을 만나보고 싶다며. 아는 교수님이 그런 자리가 있다고 하던데, 한번 나가볼래? 엄마가 교수님한테 얘기해줘?"

암요, 가고말고요. 미정은 망설일 새도 없이 고개를 끄덕였다. 그 자리가 어떤 자리인지는 나중 문제였다. 도무지 끝날 것 같지 않던 외출 금지 기간 중에 단비 같은 외출이라니! 일단은 밖으로 나가고 봐야 했다. 휴대폰이 없어서 직접 연락하지는 못하고 엄마를 통해 약속 장소와 시간을 전해 들었다. '합법적으로' 외출을 허락받고 나자, 그제야 그 자리에 모일 사람들에 대해 생각해볼 틈이 생겼다.

미정은 중학교 3학년 무렵 자폐 관련 단체에서 주최하는 여름 캠프에 참가한 적이 있다. 부모님, 오빠와 함께 가야 해서 처음에는 조금 꺼렸지만, 부모, 장애아동, 그 형제를 위한 프로그램을 각각 따로 진행한다는 사실이 미정의 마음을 동하게 했다. 오빠와 함께하지 않아도 된다니. 미정은 죄책감을 느끼면서도 묘하게 마음이 설렜다.

하지만 막상 가보니 장애아동의 형제를 위한 프로그램은 무려 '중 3씩이나' 된 미정에게 그다지 흥미롭지 않았다. 그도 그럴 것이 참가자 대부분이 초등학생이었다. 그래서 자원봉사한다는 마음으로 시답잖은 공놀이에도 한창 열을 올릴 나이의 아이들과 놀아주고 있는데, 그때 어디선가 빽 하고 여자아이의 울음소리가 들렸다.

"왜 나는 안 줘? 나도 공 줘. 나는 공 안 줘? 왜?"

'나는?'이라는 말이 미정의 귀에 꽂혔다. 그래, 장애형제를 돌보느라 분주한 부모님 말고, 모두의 관심과 손이 필요한 장애형제 말고, 그 누구도 아닌 '나'는? 미정은 그 아이가 화를 낸 이유가 단지 공놀이에 끼지 못해서만은 아니라고 생각했다. 아마도 아이는 집에서는 항상 자의 반 타의 반으로 장애형제에게 뭐든 양보해야 했으리라. 캠프에서는 잠깐이나마 오롯이 '나' 자신을 챙김받을 수 있을 줄 알았는데 그 기대가 깨졌기 때문일지도 모른다는 생각이 불현듯 들었다.

그때 처음 그런 생각을 한 것 같다. 나중에 커서 어른이 되면 꼭 저 아이들의 '멘토'가 되어주고 싶다고. 물론 이때의 미정은 '멘토'라는 말의 무게를 알지 못했다. 막연히 그 말 자체에 심취해서 도움을 주는 사람이 되고 싶었을 뿐이다. 또 한편으로는 자신이 그런 생각을 했다는 사실에 스스로 꽤 놀라고, 조금은 뿌듯해했던 것도 같다. 물론 이후 고등학교와 대학교를 거치면서 자신이 누군가의 멘토를 할 만큼 대단한 사람은 아니라고 생각하게 되었고, 지금은 멘토는 고사하고 그저 같은 처지에 놓인 사람이라도 한 번 만나봤으면, 하는 소망을 안고 있을 뿐이었다.

그 소망을 이룰 기회가 드디어 온 것만 같았다. 갑자기 미정의 가슴이 뛰기 시작했다. 그건 단순히 외출 허락이라는 잠깐의 해방 때문만은 아니었다.

그날 미정은 휴대폰도 없이 약속 장소에 나갔다. 도착하자마자 카페 안의 사람들을 둘러보다가 이내 만나야 할 사람들을 찾아냈다. 누가 봐도 처음 본 사이임이 분명한 여자 세 명이 앉아 미소를 지으며 누군가를 기다리고 있었다. 미정은 잠깐 숨을 고른 뒤 천천히 그 자리로 다가갔다.

"저…, 혹시 여기가 그… 자폐…?"

"네, 맞아요! 저희가 그 '자폐'예요!"

혹시나 아니면 어쩌지, 하는 걱정에 목소리를 작게 낮춰 물어봤는데 호탕한 웃음소리와 함께 '그 자폐'가 맞다는 답이 돌아오자 긴장했던 마음이 한순간에 녹아내렸다.

"안녕하세요, 저는 미정이라고 합니다. 스물세 살이고, 지금 대학에 다니고 있어요. 두 살 위 오빠가 자폐성 장애인이에요. 중학교 때부터 막연하게 저처럼 장애형제가 있는 사람을 만나고 싶었는데, 이런 자리에 나오게 되니 얼떨떨하기도 하고 감회가 새로워요. 잘 부탁드립니다."

자기소개를 마치자마자 오빠 얘기를 하다니, 이런 일은

멋모르고 오빠의 장애에 대해 마구 얘기하고 다녔던 아주 어린 시절 이후로 처음이었다.

각자 자기소개가 끝난 뒤, 본격적인 '만남'이 시작되었다. 처음엔 다들 머쓱하고 어색해했지만, 그것도 잠시뿐. 이날 처음 만난 사이라는 게 무색할 정도로 길고 긴 대화가 이어졌다. 미정은 가끔은 웃었고, 가끔은 목이 멨고, 또 가끔은 가슴이 먹먹했다. 어느새 막차 시간이 가까워졌고 그날의 만남을 마무리해야 할 시간이 다가왔다. 다음 만날 일정을 잡자는 이야기가 나오자 미정은 가방 속에서 다이어리를 꺼내 펼쳤다. 일주일간의 외출 금지 때문에 취소한 일정을 낯 뜨겁게 바라보다가 이내 펜을 고쳐 잡고 페이지를 넘겨 '비장애형제 모임'이라는 낯설지만 묘한 설렘을 주는 일정을 꾹꾹 눌러 썼다.

"오늘 정말 반가웠습니다. 조심히 들어가시고 다음에 뵐게요."

"네, 다음에 봐요!"

미정은 외투와 머플러를 챙겨 입고 지하철로 향했다. 집으로 돌아가는 내내 기분이 얼떨떨했다. 늘 바라던 대로 '비장애형제'를 만나 이야기를 나눴다는 사실이 꽤나 만족스러웠다. 한편으로 2016년의 첫 단추를 잘못 끼워버린 자신의 실수를 어떻게든 만회할 수 있으리라는 안도감, 그리고 의미 있는 일을 새롭게 시작하게 될 수도 있다는 설렘이 미정의 가슴을 꽉 채웠다.

집에 도착한 미정은 만나는 자리가 어땠냐는 엄마의 물음에 잠시 대답할 말을 고르다 '조금은 낯설었지만, 확실히 도움이 될 것 같아요.'라고 대답했다. 그런 다음 '그런 자리를 소개해주셔서 감사합니다.' 하고 반듯하게 인사한 후 자신의 방으로 들어가 몸을 뉘었다. 오랜만에 깊고 편안하게 잠을 잘 수 있을 것 같았다.

도 : 어떤 것이 포함되고 더함의 뜻을 나타내는 보조사

미정은 자기 삶을 채우는 단어 중 가장 큰 비중을 차지하는 건 '도'라고 생각한다. 왜냐하면 늘 공부'도' 잘하고, 성격'도' 좋고, 놀기'도' 잘하는 사람이 되고 싶었으니까.

"자, 이번 주의 기도 제목을 나누고 모임을 마무리합시다. 오른쪽부터 하면…, 미정이부터 얘기할까?"

교회 청년부 모임 시간이었다. 둥그렇게 모여 앉은 사람들의 시선이 일제히 미정에게 고정되었다. 미정은 잠시 생각하다가 입을 열었다.

"뭐, 크게 바라는 건 없고요, 가족들, 특히 할아버지, 할머니가 건강하셨으면 좋겠고, 또 주중에 있는 과제 발표를 잘 마쳤으면 좋겠고, 음…, 또…."

잠시 숨을 고르느라 말을 멈춘 미정을 향해 모임장인 선배가 무슨 말이 나올지 알겠다는 표정을 지었다.

"어쨌든, 지난주보다 좀 더 생산적이고 열심히 사는 한 주가 되었으면 좋겠어요."

"야, 너처럼 열심히 사는 사람이 어디 있다고 항상 더 열심히 살고 싶다고 하냐. 적당히 하고 살아도 괜찮으니까 너무 그러지 마."

선배의 말에 미정은 멋쩍은 웃음으로 답을 대신하며 속으로 생각했다.

'나 별로 열심히 안 사는데⋯. 내가 얼마나 게으르고 비생산적인데⋯.'

그랬다. 생산성. 미정은 유독 '생산성'에 목숨을 걸었다. 사전적 의미와는 별개로 미정에게 생산성이란 이런 것이었다. 다이어리에 빽빽하게 적힌 일정, 밤늦게까지 해야 끝날 만큼 잔뜩 쌓인 할 일, 주어진 일을 몰아치듯 끝내고 난 뒤 찾아오는 몸살 같은 탈력감, 그 사이로 피어오르는 묘한 성취감, 그런 미정을 인정해주고 고마워하는 사람들, 그때마다 멋쩍게 웃으며 자신이 필요한 사람이라는 걸 다시 한번 확인하는 순간들. 미정의 이런 성향은 비장애형제 모임의 활동에서도 그대로 이어졌다. 모임 이름을 '나는'으로 정하고 서로가 하나의 이름으로 묶이는 순간, 미정은 이 모임이 단순히 친목 도모에 그치지 않고 무언가 결과를 내야 한다는 책임감을 느꼈다.

'나는'의 첫 번째 프로젝트인 '대나무숲 티타임'은 생산성에 목을 매는 미정에게 더없이 반가운 일이었다. 아직 만나지 못한 다른 비장애형제의 신청을 받아 그동안 아무한테도 말하지 못했던 가슴속 이야기를 함께 나누는 자리를 만들자는 게 목표였다.

미정은 '대나무숲 티타임'의 첫날을 여는 영상의 편집을 맡겠다고 자원했다. 영화 〈말아톤〉에서 주인공 초원의 동생인 중원이 등장하는 장면만 따로 모아 붙이면 되기에 특별히 어려운 작업도 아니었다. 공부하고 과제를 하는 중간중간 잠깐 머리도 식힐 겸 하면 좋을 것 같았다. 그러나 사실 미정이 이 일을 맡겠다고 나선 진짜 이유는 따로 있었다. 미정은 영화 〈말아톤〉을 처음부터 끝까지 제대로 본 적이 없었다. 자폐성 장애인이 등장하는 미디어의 교과서 격인 영화여서 사람들은 당연히 미정이 그 영화를 골백번도 더 봤을 거로 생각하겠지만. '그 영화를 봤냐?'고 굳이 물어오는 사람도 없었고, 미정 역시 굳이 사실을 밝히지 않았을 뿐이다. 그래서 이번이야말로 마음속에 숙제처럼 남아 있던 〈말아톤〉을 직면할 기회라고 생각했다.

"와, 이게 무슨 일이냐"
기말고사를 앞두고 조용한 열람실에서 영화를 보다가

미정은 자신도 모르게 한숨처럼 이 말을 툭 내뱉었다. 주위 학생들의 가늘어진 눈초리에 '죄송합니다.'를 연발하며 손으로 입을 막았다가 이내 눈뿌리를 꾹꾹 누르기 시작했다.

'이게 무슨 일이냐'라는 미정의 탄식에는 여러 가지 의미가 담겨있었다. 우선 십여 년간 감상을 미루고 회피해왔던 것치고 영화의 내용이 대단히 놀랍지도, 그리 감동적이지도 않았다. 그렇다고 '모욕적'이지도 않았다. 초등학교 고학년 때 '우리 아이에게는 장애가 있어요.'라는 영화 속 초원의 대사와 말투를 흉내 내며 자신을 놀리던 남자아이 때문인지 그동안 미정은 영화 〈말아톤〉이 장애인 당사자나 그 가족에게 '모욕적'인 기분을 느끼게 할지도 모른다고 막연하게 생각해왔다. 그런데 걱정했던 것보다 의외로 훨씬 덜 자극적이고, 덜 모욕적이었다.

미정이 탄식을 한 이유는 편집을 끝내고 보니 영화에서 초원의 동생 '중원'의 비중이 너무나 적었기 때문이다. 막연하게 그럴 거라고 생각은 했지만, 실제로 모아놓고 보니 예상했던 것보다 훨씬 더 적었다. 상영시간 115분 중 중원이 등장하는 장면은 모두 합쳐봐야 고작 15분 남짓이었다. 그마저도 화면 구석에서 배경처럼 스쳐 지나가거나 '해님'처럼 잠시 반짝 등장하는 장면까지 모두 포함한 결과였다.

15분이 채 되지 않는 시간 동안 중원은 사람들이 흔히 생각하는 '자폐성 장애인'의 동생처럼 굴었다. 처음에는 형의 장애를 외면하고, 어떻게든 형을 키워내려는 엄마의 노력을 무시하고, 자신에게 관심을 갖지 않는 엄마에게 반항한다. 그러다 결국엔 스스로 반성하며 형의 장애를 받아들이고 그저 옆에서 환하게 웃으며 형의 성취를 축하할 뿐이다. 영화에서 중원은 그저 '초원의 동생'으로만 비치고 있다는 생각에 미정은 입이 썼다.

미정은 현저하게 적은 분량과 클리셰 범벅인 중원의 서사가 당연하게 느껴질 수도 있겠지만, 사실은 절대 당연하지 않다는 것을 사람들이 알아야 한다고 생각했다. 정도의 차이는 있지만 대부분의 비장애형제는 각자의 삶에서 주인공이 아닌 '누구의 형제, 누구의 자매'로 정의되는 삶을 살아왔다. 그런 점에서 어쩌면 '대나무숲 티타임'은 비장애형제라면 '당연히' 이러하게 행동해야 하고 어떠한 태도를 보여야 한다고 여기는 주변 사람들의 기대를, 그들이 말하는 그 '당연함'을 전혀 당연하지 않다고 말할 수 있는 자리가 될지도 모른다. 미정은 '대나무숲 티타임'을 꼭 그런 자리로 만들고야 말겠다고 결심하며 신나고 뿌듯한 마음으로 노트북을 열었다.

앞으로 '대나무숲 티타임'을 통해 어떤 비장애형제를 만나 어떤 얘기를 나누게 될까. 그 만남을 통해 우리는 무엇을 깨닫고 어떻게 변해갈까. 미정은 설레고 긴장되는 마음으로 한 주를 보냈다.

아닌데. 나 잘 커왔는데

6월 초, 드디어 '대나무숲 티타임'이 시작되었다. 기대했던 것보다 참여 인원이 적어서 조금 실망스러웠지만, 그래도 이 기회를 통해 한두 명씩은 새로운 비장애형제와 만날 수 있었다. 자신에 대해, 장애형제와 부모와의 관계에 대해, 사회적 시선 등에 관해 각자가 겪은 상황과 감정을 나누며 함께 울고 웃고 공감하는 사이 4개월에 가까운 시간이 흘렀다.

그런데 좀 이상했다. 모임을 하면 할수록 마음이 개운치 않았다. 처음에는 상상만 해왔던 자리가 현실이 되고, 무엇보다 그 누구도 아닌 자신의 힘으로 이런 자리를 만든다는 게 너무 신이 나고 뿌듯했었다. 그동안 차마 말할 수 없었던 부정적인 생각과 감정을 이해받고 공감받는 순간을 위해 달려왔고, 심지어 이 자리에서는 자신이 무슨 이야기를 해도 다 받아들여질 거라는 건방진 확신마저 있었다. 그런데 왜? 이 찜찜함은 뭐지?

가만히 생각해보니, 미정이 이 모임에서 기대한 건 자기 경험과 아픔을 남들 앞에서 보기 좋게 잘 정리해 내놓고 공감받거나 혹은 '많이 힘들었을 텐데 잘 추스르고 정리해왔다'라는 평을 듣는 것이었다. 사실 미정은 오래전부터 언젠가는 이런 기회가 올 것을 기대하며 자신의 고민과 아품, 생각을 잘 정리해왔었다. 미정은 '대나무숲 티타임'을 통해 자신의 이야기가 하나의 '신화'가 되고, 이를 토대로 다른 비장애형제를 돕는 일을 할 수 있으리라는 근거 없는 오만에 사로잡혀 있었다. 그러니까 결국 자조모임에서조차 '잘한다, 잘해왔다'라는 칭찬과 인정을 받고 싶은 거였다. 함께 모여 서로 돕고 다독이면서 한 발짝 더 나아가고 싶다는 것은 핑계일 뿐, 사실은 자신이 '무언가 남들에게 도움이 될 만한 일을 하고 있다'라는 강력한 성취감을 얻기 위해 시간과 공을 들이고 있었던 것이다.

이 사실을 깨달은 순간, 미정은 자신이 너무 비겁하고 위선적이라고 느껴졌다. 이 일을 계기로 '나는'과 함께해 온 시간을 하나하나 곱씹으며 돌아보게 되었다.

'대나무숲 티타임'에서 어린 시절 상처가 된 부모님의 미숙한 말과 행동에 관해 이야기하고 그 시간을 버텨온 서로를 위로하고 보듬는 시간을 가질 때였다. 그 자리에서 미정은 상처가 되었던 엄마의 말과 행동에 관해 이야기하면서도 마음 한편으로 자신이 받은 상처는 남들과 비교하면 너무 보잘것없고 참을 만했다는 생각을 지울 수 없었다.

"엄마가 너한테 미안한 게 참 많지."

이야기를 나누다 보면 미정의 머릿속으로 엄마와 나눴

던 대화가 스쳐 지나갔다.

"그래도 최대한 네가 영향을 덜 받게 하려고 얼마나 노력했는지 몰라. 나 정도면 진짜 노력한 거야."

그렇지, 엄마는 할 만큼 했지. 거기서 뭘 얼마나 더 할 수 있었겠어? 나 정도면 그래도 괜찮은 거 아닌가?

"…그런데, … 그래도 엄마도 나름대로 어쩔 수 없는 상황이었을 거예요. 물론 그렇다고 엄마가 그 말을 한 게 잘했다는 건 아니지만요."

미정이 말을 마치자마자, 진설이 의아한 표정을 지으며 물었다.

"미정 님, 왜 어머니가 해야 할 변명을 미정 님이 하고 있어요?"

"네…?"

미정은 얼굴이 확 달아오르는 것을 느꼈다. 진설이 미정의 당황한 표정을 보더니 손을 내저으며 말을 이었다.

"아니, 아니, 오해하지 말고 들어요. 미정 님이 잘못했다는 게 아니에요. 어머니가 '그럴 수밖에 없는' 상황에 있었든 아니든, 엄밀하게 따지면 그건 어머님의 문제잖아요? 굳이 미정 님이 먼저 이해하고 들어갈 건 아닌 것 같아서요. 그때 어머니가 했던 말과 행동이 미정 님한테 상처였으면, 그건 그냥 상처인 거죠. 그렇지 않을까요?"

미정은 잠시 생각하다가 떨리는 목소리로 대답했다.

"그렇긴 하죠…. 하지만 그렇다고 해도 엄마가 나름대로 노력을 했던 것도 사실이잖아요. 제가 상처받은 것만 얘기하면 엄마가 했던 노력은 아무 의미 없는 게 되어버리는 것 같아서 마음이 좀 그래요."

해수가 진설의 바통을 이어받아 나서려는 순간, 미정이 불쑥 뜻밖의 고백을 했다.

"좀 부끄럽지만 저는… 아직도 엄마가 무서워요. 농담 반 진담 반으로 얘기하는 건데, 저는 엄마를 감히 거역할 수가 없어요."

이 말에 해수가 어색하게 쓴웃음을 지으며 미정을 바라보다가 말했다.

"그렇다면… 뭐, 그런 마음이 들 수도 있겠네요. 무슨 말인지는 알겠어요."

해수는 미정의 말에 더는 토 달지 않고 자신의 이야기를 하기 시작했다. 미정을 포함한 나머지 모두는 아무 일 없었던 듯 해수의 말에 귀를 기울였다(나중에 들은 이야기이지만, 해수는 당시 '엄마'를 '감히' '거역'할 수 없다는 미정의 단어 선택이 꽤나 충격적이었다고 했다).

또 한 번은 이런 일도 있었다. 미정이 말도 안 되는 주장을 하며 떼를 쓰는 오빠의 행동을 어떻게 다뤄야 할지 모르겠다며 답답함을 호소한 뒤였다. 자연스럽게 이어진 태은의 한마디가 미정의 가슴을 쿵- 내리찍었다.

"제 경우는 미정 씨랑은 좀 달라요. 제 동생은 아예 대화하는 것 자체가 어려워요."

순간 가슴에서 죄책감이 솟구쳤다.

'지금 내가 무슨 말을 한 거지? 그래도 우리 오빠랑은 대화가 되잖아!'

그 뒤로 귀에 들리는 태은의 말소리가 점점 희미해지면서 미정은 끝없는 '그래도'의 늪에 빠져버리고 말았다. '그래도' 우리 오빠는 혼자 지하철을 탈 수는 있잖아. '그래도' 전화를 할 수는 있잖아. '그래도' 일상생활이 어느 정도는 가능하잖아. 그래도, 그래도, 그래도….

그리고 그 끝에는 자책만이 남아있었다.

'내가 이 자리에 있어도 되는 건가? 다른 비장애형제에 비하면 난 하나도 안 힘들게 자라왔는데. 다른 형제에 비하면 우리 오빠는 증상도 가벼운 편인데. 우리 엄마가 날 어떻게 키웠는데. 그 힘든 와중에도 날 위해 얼마나 노력했는데….'

곧이어 자기 자신에 대한 분노가 뒤따랐다.

'이 쓰레기 같은 인간, 감사함도 모르는…. 뭐? 내가 문제가 있어? 겨우 이 정도로? 이 나약한… 바보 같은 년….'

우울은 자신을 향한 분노라고 했던가. 미정은 자기도 모르게 우울의 늪으로 스스로를 내몰고 있었다.

멀쩡한 사람이어야 한다는 '환상'

'카톡-.' 하고 알림음이 울렸다. 친구 아영이의 메시지였다.

아영
수강 신청 성공함?

> ㅇㅇ 대충. 일단 넣을 건 다 넣었어.

아영
이번 학기에도 공강 없나?

> 있겠냑.ㅋㅋㅋㅋㅋㅋㅋ

아영
무슨 재미로 학교 다녀~. ㅋㅋㅋㅋㅋ
안 힘들어?

> 어쩌다 보니 그렇게 됐엌.ㅋㅋㅋㅋㅋ
> 공강 있음 뭐 해. 어차피 잠만 잘 건데.ㅋㅋㅋㅋ

아영
나중에 또 힘들어할 거면서.

> 괘, 괜찮을 거야…! ㅋㅋㅋㅋㅋㅋㅋㅋㅋ

아영

난 금요일에 공강 있음

헐, 부럽네.
나도 공강 만들 걸 그랬나.

아영

하나도 안 부럽잖아! ㅋㅋㅋㅋㅋㅋ

앗? 어떻게 알았ㅈ..!?

키득거리며 자판을 두드리던 미정은 곧 가방에서 다이어리를 꺼냈다. 공강 없는 주 5일짜리 시간표를 만들어 휴대폰 스케줄러와 다이어리에 옮겨 적는 일련의 과정은 미정이 새 학기를 맞는 일종의 의식과 같았다. 방학도 잘 보냈겠다, 시간표도 잘 짰겠다, 이제 개강만 하면 될 일이었다. 매일 아침 제시간에 일어나서 학교 갈 준비를 하고, 수업을 듣고, 과제를 하고, 시험을 보고, 가끔은 친구들과 맛있는 걸 먹고, 술도 마시고…. 이런 아주 일상적이고 이상적인 시간을 보내기만 하면 한 학기를 무사히 마칠 수 있다고 미정은 확신했다.

확신했는데…. 분명히 그랬는데….

"으…, 일어나기 싫어…"

오전 7시 58분. 평소라면 샤워하고 머리를 말리거나, 옷을 갈아입거나, 간단하게 화장을 하거나, 아니면 입에 뭐라도 밀어 넣고 있을 시간이었다. 하지만 미정은 쉽게 몸을 일으키지 못했다. 잠이 오지 않아 뜬눈으로 밤을 지새우다 다섯 시가 다 되서야 겨우 잠들었기에 괴로워하며 침대 위에서 퍼져있었다.

'아…, 이제는 정말 일어나야 하는데…. 진짜 일어나야 하는데….'

"미정아, 너 안 일어나도 돼? 안 늦었어?"

벌컥 문을 열고 들어오는 엄마의 목소리에 미정은 그제야 깬 것처럼 눈을 비비며 몸을 일으켰다.

"어…, 지금 시간이…."

"지각하는 거 아냐? 버스 타는 데까지 태워다줄까?"

"아니에요. 지금 얼른 준비하면 괜찮을 것 같아요."

서둘러 준비하고 한 술이라도 뜨고 가라며 방문을 나서는 엄마의 뒷모습을 멍하니 바라보던 미정은 손바닥으로 양 볼을 찰싹찰싹 두드렸다.

'그래, 일어나야지. 일단은… 학교에 가긴 가야지….'

모래주머니를 찬 것처럼 무거운 발을 질질 끌며 욕실로 들어간 미정은 쏟아지는 물줄기에 그대로 녹아버리고 싶은 마음을 겨우 다잡고 샤워를 마쳤다. 축축한 머리를 털며 미적미적 가방을 챙기다가 이내 시계를 보고 그대로 주저앉고 싶었지만, 억지로 다리에 힘을 주고 가방을 챙겨 집을 나섰다.

"이번 정류장은 ○○대학교 후문입니다. 다음 정류장은…."

멍하니 휴대폰만 바라보다 버스 안내 방송에 정신을 차린 미정은 잠시 고민하다가 하차벨을 눌렀다. 버스가 멈춰 섰고, 미정은 와글와글한 사람들 틈에 끼어 길바닥에 발을 내디뎠다. 미정을 내려준 버스는 다시 제 갈 길을 가기 위해 출발했고, 함께 내린 사람들도 저마다 자신의 목적지로 향했다. 미정만이 버스 정류장에 애매하게 기대선 채 어디로 가야 할지 모르는 사람처럼 멍하니 있었다. 신호등의 파란 불이 켜지고, 꺼지고, 켜지고, 꺼지고, 다시 켜졌을 때 미정은 결심한 듯 발을 움직였다.

"아이스 아메리카노 한 잔, 사이즈 업, 샷 하나 추가요."

늘 가던 교문 앞 카페에서 늘 마시던 커피를 주문한 미정은 참았던 한숨을 내뱉었다. 이제 커피를 빨대로 한 번 쭉 빨아 마신 뒤, 휘적휘적 학교 안으로 들어가기만 하면 된다. 교문을 넘어서기만 하면 어쨌든 수업을 들을 거고, 출석은 할 수 있을 거고, 오늘 꼭 해야 할 큰 일은 끝낼 수 있을 것이다. 그러면 일단 하루가 갈 거고, 다시 밤이 올 거고, 밤이 오면….

징-. 휴대폰 알림이 울렸다.

'15분 뒤, 한국 현대시 읽기, 인문관 407호'

알림만 울리지 않았어도 수업이 있다는 걸 깜빡 잊은 척

할 수 있었을 텐데. 수업 시작 시간 5분 정도 지나서 시계를 보곤 '아니, 시간이 벌써 이렇게 됐어?' 하면서 지각한 김에 결석할까 말까 고민할 수 있었을 텐데. 부지런하게도 수업 시간표를 저장해 매번 알림이 울리게 만든 과거의 자신이 원망스러워졌다.

"커피 나왔습니다."

휴대폰 화면을 노려보며 애꿎은 손톱 거스러미만 쥐어뜯던 미정은 결심한 듯 입을 열었다.

"저…, 죄송하지만 이 커피, 컵에 담아주실 수 있을까요? 여기서 마시고 갈게요."

미정은 사람들이 훤히 보이는 창가 자리를 피해 구석에 몸을 구겨 앉으며 교문을 넘어가는 것이 이렇게나 힘든 일이었던가, 생각했다. 혼자 힘으로는 도저히 넘을 수 없는 두껍고 높은 벽이 있는 것만 같았다. 그날의 수업이 모두 끝날 때까지 미정은 카페에 앉아 빨대를 잘근거리기만 할 뿐 아무런 일도 할 수 없었다. 대학 입학 후 처음으로 아무런 이유 없이 수업에 빠진 날이었다. 미정은 이게 처음이자 마지막이길 바랐지만, 그날 이후 2주가 넘도록 미정이 느끼는 벽은 틈 하나 없이 견고한 상태 그대로였다.

잠이 오지 않았다. 아니, 잠을 잘 수 없었다. 자고 나면 아침이 오고, 아침이 오면 새로

운 하루가 시작된다는 사실을 받아들일 수 없었다. 잠시라
도 신경줄을 놓으면 피곤함에 찌든 몸이 저절로 잠들어버
릴까 봐 미정은 제대로 앉지도, 눕지도 못한 애매한 자세로
휴대폰을 들여다보며 의미 없는 게임에 손가락을 움직였
다. 시간은 지독하게도 느리게 가다가 순식간에 지나가 버
렸다. 희미하게 동이 터올 때쯤이면 한층 더 커진 죄책감과
부담감이 미정을 짓눌렀다.

결단을 내려야만 했다. 이대로 있다가는 침대 속으로 끝
없이 가라앉아 헤어 나올 수 없을 것 같았다. 하지만 혼자
서는 결정할 엄두가 나지 않아 고민하던 차에 반가운 알림
이 울렸다.

태은

저희 이번 주말에 모이는 거 맞죠?

진설

ㅇㅇ. 맞아요. 만나는 장소, 강남 괜찮으세요?

해수

강남, 전 좋습니다~.

진설

오키. 그럼 7시에 강남에서 봐요. 미정 님도 괜찮죠?

괜찮다마다요. 고민을 나눌 수 있는 자리가 있다는 걸 잠깐 잊고 있었다. '나는'의 멤버들이라면 혼자 끙끙 앓고 있던 고민을 좀 더 편안하게 말할 수 있을 것 같았다.

모임이 있는 날, 미정은 약속 장소에 나가기 위해 억지로 몸을 일으켰다. 진설과 태은, 해수를 만나 음식을 주문하고 각자 어떻게 지내고 있는지 얘기를 나누는 동안에도 미정은 잠자코 듣고만 있었다. 그러다 세 쌍의 눈동자가 일제히 미정을 향했고, 그 순간 미정은 자신이 지금 뭘 원하는지 깨달았다.

학교를 못 다니겠다. 쉬어야겠다.

"저…, 지금 갑자기 생각한 건데요, 휴학하고 싶어요."

세 사람이 깜짝 놀란 얼굴로 한마디씩 했다.

"무슨 일 있어요? 요즘 많이 힘들어요?"

"그래요. 힘들면 쉬어야지. 휴학하면 뭐 어때요."

"맞아, 한 학기 쉰다고 세상 안 무너져요. 괜찮아."

머리를 거치치 않고 입 밖으로 튀어나온 '휴학 선언'에 미정 자신도 놀라던 참이었다. 다들 '그래도 조금만 참아보면 어때요?'라고 말할 줄 알았는데. 그러면 '그렇죠? 그냥 해 본 말이었어요.'라고 대답할 준비를 하고 있었는데. 잠깐의 머뭇거림도 없이 '쉬어도 된다'는 말이 쏟아지자 미정의 눈에서 참아왔던 눈물이 쏟아졌다.

"저… 진짜 왜 그런지 모르겠는데…, 그럴 이유가 없는데…, 도저히 학교에 못 가겠어요. 그냥 가기가 싫어요. 학교에 가기 싫어서 잠이 안 와요. 잠을 자면 다음 날이 오잖아요? 그게 싫어요."

목멘 소리로 꾸역꾸역 말을 마친 미정이 눈물을 뚝뚝 흘리기 시작했고, 옆에 앉아있던 진설이 미정의 등을 가볍게 토닥였다.

"에고…, 많이 힘들었나 보네. 괜찮아, 괜찮아요."

"저 진짜로 휴학할래요. 처음엔 별생각 없이 말했는데, 입 밖으로 내고 나니까 진짜 해야 할 것 같아요. 용기를 주셔서 감사해요. 그렇게 해도 된다고 말해주지 않았다면 생각만 하고 말았을 거예요. 감사합니다."

미정이 빨개진 코끝을 문지르며 맹맹한 목소리로 고마움을 표하자, 태은이 입을 열었다.

"그런데, 미정 님. 잠 못 자는 거요, 너무 심하면 병원에 가보는 건 어때요?"

"맞아, 한번 가봐요."

해수가 맞장구를 쳤다. 미정은 잠시 생각하다가 이내 고개를 저었다.

"휴학하면 괜찮을 거예요. 학교 다니는 게 너무 부담이었나 봐요."

멋쩍은 듯 히히, 웃으며 말을 마친 미정은 머릿속으로 휴학 결심을 어떻게 부모님에게 알려야 할지 계획을 세우기 시작했다. 일단 학교만 가지 않으면 일상을 회복하고 뭐든지 할 수 있을 것 같았다. 휴학 기간에 할 일을 리스트로 만든 다음, 적당한 날을 잡아 적당한 분위기에서 가볍지도 무겁지도 않게 얘기를 꺼내면서 준비한 카드를 내밀자고 다짐했다. 오랜만에 마음이 개운했다.

"중도 휴학을 좀 할까 봐요."

결국 저질렀다. 저질러버렸어.

머릿속으로 수백 번 시뮬레이션하며 긴장했던 것치곤 말이 담담하게 나왔다. 아니, 담담하게 말하려고 애썼다.

"뭐…?"

엄마의 얼굴에 당혹감과 의아함이 스치는 걸 본 미정은 후다닥 미리 준비한 카드를 들이밀었다.

"학기 시작한 지 얼마 되지 않아서 등록금은 어느 정도 반환이 가능해요. 내년에 어학연수를 가려면 준비할 것도 많고, 이 기회에 못 읽었던 책도 좀 읽고, 자격증도 따고, 영어 공부도 하려고요."

"무슨 말인지는 알겠는데, 이렇게 갑자기?"

당황한 엄마의 얼굴을 계속 보고 있다가는 금세 의지가

약해질 것만 같아서 미정은 애써 엄마의 눈을 피해 애꿎은 손톱만 뜯고 있는 자신의 손을 내려다보았다. 지금까지는 적당히 자신의 의사를 내비치다가도 '엄마가 동의하지 않을 만한' 일이라고 판단하면 못 이기는 척 엄마의 설득에 넘어가곤 했었다. 하지만 이번에는 정말 물러설 데가 없다. 엄마의 의견을 따라가다가는 몇 걸음 못 가고 주저앉아 영영 일어날 수 없을 것만 같았다.

"당황스러우신 거 알아요. 하지만 아무리 생각해도 이번 학기가 좀 버거울 것 같아요. 어영부영 한 학기를 보내다가 평점이 낮아지면 나중에 재수강한다고 두 번 고생할 것 같아서요."

무슨 생각을 하는지 알 수 없는 엄마의 얼굴을 차마 볼 수 없어서 미정은 일부러 딴청을 피웠다. 가슴이 쿵쾅거렸다. 만약 엄마 입에서 '그래도 중도 휴학은 좀 무리 아니야?'라는 말이 나오면 어떻게 해야 하지? 내가 엄마를 설득할 수 있을까? 내가 '감히' 엄마를 설득해서 내 의견에 동의하게 만들 수 있을까? 과연?

미정은 복잡한 머릿속을 비워내려는 듯 두어 번 고개를 흔들었다. 그리고 이번만큼은 울고불고 떼를 써서라도 휴학을 '쟁취'해내고야 말겠다고 굳센 다짐을 하며 엄마의 눈을 바라봤다. 제발, 제발…. 내가 얼마나 힘든지 완벽하게 이해하지 못하더라도 그럴 수도 있지, 하고 넘어가 주길…. 이번 한 번만, 제발….

"저, 진짜 이번 학기가 자신이 없어요."

미정이 용기를 내어 쐐기를 박았다. 늘 '할 수 있다, 한 번 해 보겠다'라고 엄마가 듣기 좋아할 말만 늘어놓던 미정이지만, 이번에는 난생처음으로 자신에게 최대한 솔직하기로 했다.

가만히 미정을 바라보던 엄마가 고개를 끄덕였다. 여느 때와 달리 아주 단호한 미정의 눈빛에 엄마도 더는 어르고 달래기엔 무리가 있다고 생각했던 것도 같다.

"그래. 네가 그렇게까지 얘기할 정도면 정말 많이 힘든 가 보다."

그제야 미정은 목 뒤로 깔딱깔딱 참고 있던 숨을 내뱉을 수 있었다.

"좀 갑작스럽긴 하지만, 어학연수도 준비해야 하고, 어쨌든 네 나름대로 휴학 기간에 할 일을 다 계획한 것 같아서 허락해주는 거야. 그 대신 열심히 해야 해. 계획한 일도 다 하고. 알았지?"

죽을 만큼 힘들다는 말, 더는 버틸 수 없다는 고백이 아니라 '휴학 기간에 할 일 리스트'가 엄마의 마음을 움직였구나! 미정은 조금 씁쓸했다. 하지만 '중도 휴학'이라는 일탈을 허락받기는 했으니까 모로 가도 서울만 가면 된다는 마음으로 만족하기로 했다.

그런데 미정이 도착한 곳은 서울이 아니라 전혀 엉뚱한 곳이었다. 휴학만 하면 금방 일상을 회복할 줄 알았는데, 그렇지 않았다. 딱 일주일만 푹 쉬고 계획한 일을 하나하나 해나가자는 자신과의 약속이 무색하게도 미정은 침대에서 몸을 일으킬 수 없었다. 일주일이 열흘이 되고, 보름이 되고, 삼 주가 되고, 한 달이 되어갈 무렵 미정은 깨달았다.

이건 학교에 가지 않는다고 해서 해결될 문제가 아니다.

하루의 루틴이 깨지니 할 일이 없어졌다. 일상을 회복하려면 아침에 일어나는 시간부터 바로 잡아야 하는데, 그러려면 강제적인 조치가 필요했다. 미정은 태어나서 처음으로 아르바이트를 해 보기로 마음먹었다. 경력이 없어서 여러 군데 이력서를 내고 면접을 본 끝에 학교 앞에 있는 작은 카페에서 일자리를 얻을 수 있었다.

이 사실을 누구에게도 알리고 싶지 않았지만, 일주일에 두세 번 똑같은 시간에 집을 나서는 미정을 의아하게 여긴 엄마에게만큼은 솔직하게 말할 수밖에 없었다. 엄마는 탐탁해 하지 않았지만, 미정은 '무언가 하면서 하루를 보내고 있다'라는 생각에 조금씩 기분이 나아지고 있었다.

한 달 정도 지났을 때, 카페 사장님으로부터 정직원으로 일하자는 제안을 받았다. 어학연수를 위해 해외에 나가기 전까지만이라도 함께 일하고 싶다는 말에 미정은 굉장히 놀랐고 또 기뻤다. 일주일 정도 생각한 뒤 결정을 알려달라는 사장님의 말에 미정은 부모님을 설득할 계획을 세웠다. '함께 일하고 싶은 직원'으로 인정받았으니 한번 해 보고 싶었다. 휴학 선언 때보다 훨씬 더 긴장했지만, 전보다 자신감이 높아진 상태여서 이번에도 적당한 날과 적당한 시간을 잘 골라 말을 던져보기로 했다.

"그게 무슨 소리야? 안 돼!"

"내가 아르바이트하라고 휴학을 허락해준 줄 알아? 너 요즘 왜 그래?"

미정의 말이 끝나기가 무섭게 불호령이 떨어졌다. 미정은 숨이 턱 막히는 것 같았다. 바로 허락하지 않을 것을 예상은 했지만 이렇게나 단호하게 반대할 줄은 몰랐다. 부모의 말을 거역할 수 없는 미정은 더는 무슨 말을 할 의지를 잃어버렸다. 한참을 멀뚱멀뚱 부모님을 바라보다가 미정이 물었다.

"왜요? 왜 하면 안 돼요?"

"너 휴학하고 할 거라고 했던 일 중에서 뭐 하나라도 제대로 한 거 있어? 그러면서 무슨 아르바이트를 한다는 거야? 말이 되는 소리를 해야지."

쏟아지는 비난을 멍하니 듣기만 하던 미정의 눈에 눈물이 차올랐다. 부모님을 설득할 수 없는 현실에 미정은 절망했다. 이제 다 필요 없다. 나는 이제 할 수 있는 게 없구나.

"됐어요. 안 하면 되잖아요. 안 하면 될 거 아니에요!"

끝없이 이어지는 잔소리를 견디다 못해 미정은 벌떡 일어나 자신의 방으로 뛰어 들어간 뒤 문을 걸어 잠갔다. '쟤 뭐 하는 거야!' 하는 아빠의 목소리가 들리고, 후다닥 뛰어오는 엄마의 발소리가 들렸다.

쾅쾅-.

"네 할 말만 하고 들어가면 끝이야? 문 열어!"

차오르는 눈물을 삼키며 방바닥만 바라보던 미정이 고개를 번쩍 들고선 소리를 높였다.

"안 한다고요. 안 한다고 하면 됐잖아요. 제발 저 좀 그냥 두세요."

엄마가 뭘 알아? 내가 지금 어떻게 버티고 있는데. 어떻게든 일상을 회복하려고 기를 쓰고 있는데 어떻게 그런 말을 해? 미정은 방 한가운데 웅크리고 앉아 고개를 묻은 채울기만 했다. 어느새 문을 두드리던 소리가 멎었지만, 미정은 방 밖으로 나가 부모님을 마주 볼 자신이 없었다. 그냥 이대로 시간이 멈추거나, 먼지처럼 사라지고 싶었다. 그게 안 된다면 죽는 것도 썩 나쁘진 않다고 생각했다.

한 시간 정도 지났을까. 미정은 숨을 고르고 일어나 딸깍- 하고 방문의 잠금쇠를 풀었다. 그러자 그 소리를 들은 엄마가 노크하고 방으로 들어왔다.

"너, 그렇게 들어가 버리면 어떡해? 왜 그러는 거야? 말을 해야 알지.”

　미정은 반쯤 돌아앉아 벽만 바라봤다. 속에 있는 말을 내뱉고 싶어 입이 근질거렸지만, 차마 말할 수 없었다. 미정은 엄마가 걱정하지 않도록 알아서 잘하는 딸이어야 하니까. 특별히 힘들다고 할 만한 상황이 새로 생긴 것도 아닌데, 힘들어서 더는 못 버티겠다고 말하기가 어려웠다. 그건 갖은 노력으로 미정을 키워온 엄마의 성의와 시간을 배신하는 것이 될 테니까.

　“정말 왜 그러는 거야. 그렇게 힘들어? 무슨 일 있어?”

　부드럽게 어깨를 안아주는 엄마의 손길에 꾹꾹 눌러 참았던 울음이 터져버렸다.

　“저, 잠을 못 자요. 잠을 잘 수가 없어요. 맨날 새벽에 간신히 잠들었다가 늦게 일어나니까…”

　“그래, 안 그래도 너 요새 못 자는 것 같더라.”

　예상 밖으로 엄마의 반응이 너무 담담해서 미정은 맥이 빠졌다. 이럴 줄 알았으면 좀 더 일찍 말할 걸 그랬나, 후회가 되기도 하고, 한편으로는 지금이라면 자신이 느끼는 걸 솔직하게 털어놓아도 엄마가 이해해줄지도 모른다는 생각이 들기도 했다.

　“그래서 어떻게든 자고 일어나는 시간을 맞춰보려고 아르바이트를 구했던 거예요. 그렇게 해서라도 루틴을 회복하려고요. 그런데도 너무 잠을 못 자서…. 아무래도 불면증이 아닐까 싶어요. 병원에 좀 가보고 싶어요."

속에 있던 말을 뱉고 나자 미정은 조금 숨을 쉴 수 있을 것 같았다. 그런데….

"아니, 너 병원 갈 정도는 아니야."

다시 숨이 탁 막혔다.

엄마가 감정을 꾹꾹 눌러 참은 얼굴로 말을 이었다.

"수면 일기는 써 봤니? 일단 수면 패턴부터 분석해보자. 병원은 그 이후에 가도 늦지 않아."

미정은 할 말을 잃고 고개를 들어 멍하니 엄마를 봤다.

"그리고 이건 네 의지의 문제야. 네가 조금만 더 신경 쓰고 일찍 일어나겠다고 다짐을 하면 해결될 거야."

아, 이해받을 수 없구나.

미정은 일말의 기대를 접었다. 당신 딸이 그럴 리 없다는, 병원에 가봐야 할 만큼 문제가 있을 리 없다는 엄마의 믿음을 저버릴 자신이 없었다. 그 믿음을 저버리고도 신경 쓰지 않을 만한 깡이 미정에게는 없었다.

"네, 그럴게요. 아르바이트는 적당히 하다가 그만둘게 요. 그리고 잠 못 자는 건 좀 더 지켜보고 말씀드릴게요."

미정은 엄마가 원하는 대답을 해주기로 했다.

"그래, 이렇게 말을 해야 알지. 너 요즘 잠 못 자는 거 알고 있었는데, 언제 말하나 기다렸어. 그래서 일부러 더 널 긁은 거야. 앞으로 하고 싶은 얘기 있으면 언제든지 다

해도 돼. 그래도 괜찮아."

한 마디 한 마디 다 반박하고 싶었지만, 지금 미정은 그럴 힘도 의지도 없었다. 서로의 평화를 위해서, 그리고 미정 자신도 가지고 있고 엄마도 가지고 있는 '멀쩡해야 한다'라는 환상을 지키기 위해서 온 힘을 쏟기로 했다. 적당히 힘들어하고 적당히 우울해하고 조금만 처져있다가 어떻게든 힘을 내서 다시 '멀쩡하게' 살아가기로 했다.

결국 미정이 느끼는 솔직한 감정은 중요하지 않았다. 어떤 경우에도 미정은 '그럼에도 불구하고' 멀쩡하게 잘하고, 또 잘 살아가는 딸이어야 했다.

살아남기 위해선 거리가 필요해

스산한 가을과 가슴 시린 겨울을 지나는 동안 미정은 애써 일상을 회복했다. 그간 느꼈던 감정은 계절 탓으로 돌리고 새로 맞은 학기에 적응하기 위해 노력했다. 어학연수를 떠나기 직전 학기이기도 하고, 중도 휴학 후 복학한 학기이기도 해서 좀 더 열심히, 알차게 살아야겠다는 결심도 했다. 가끔은 지난 가을과 겨울의 자신이 조금 부끄럽게 느껴지기도 했다. 그때는 자신이 나약해서 작은 어려움도 너무 크게 받아들인 것은 아닐까, 싶기도 했다.

나쁘지 않은 평점으로 봄 학기를 마치고 여름 방학을 맞았다. 방학이 끝나는 대로 일 년 남짓 동안 어학연수를 떠날 예정이었다. 미정은 늘 가보고 싶었던 도시로 떠난다는 사실보다 태어나 처음으로 가족과 떨어져 살 수 있다는 사실이 더 기뻤다. 한편으로는 걱정되고 불안하기도 했다. 가족은 미정의 삶에서 가장 큰 조각이니까. 아니, 가끔은 가족이 있어서 미정이 존재하는 건지, 아니면 미정이 있어 가족이 존재하는 것인지 헷갈리기도 했다.

중학교 때였던가. 영어 시간에 '-oriented'라는 단어를 배운 적이 있는데, 미정은 이 단어만큼 자신이 살아온 방식을 가장 잘 설명하는 말은 없다고 생각했다.

'Family-oriented'

미정은 어릴 때부터 '결국 남는 건 가족밖에 없다'라는 말을 귀에 못이 박이도록 듣고 자랐다. '요즘 애들답지 않게' 가족을 위한다는 어른들의 달콤한 칭찬도 듣기 좋았다. 장애가 있는 오빠를 잘 돌보고, 함께 사는 할머니와 할아버지께도 잘하고, 부모님, 특히 엄마를 잘 돕는 딸. 심지어 가족의 대소사에 큰 보탬이 되기도 하는 '착한 딸'. 이런 칭호는 미정의 자아정체감을 구성하는 아주 큰 조각이었다. 미정은 잘 자란 착한 딸의 지위를 유지하기 위해 노력해왔고, 그렇게 사는 것이 그다지 나쁘지 않았다.

'착한 딸'은 간혹 있는 엄마와 오빠 사이의 실랑이도 중재할 수 있어야 했다. 오빠가 성인이 되면서 실랑이하는 빈도는 낮아졌지만, 그 대신 한번 시작하면 끝을 보는 일이 가끔 있었다. 오빠의 강박이 집착으로 이어지고, 꾹꾹 눌러 참던 엄마가 폭발할 때였다. 다행히 대부분은 모르는 척하며 참고 있으면 적당히 싸우다가 불씨가 사그라들곤 했지만, 가끔은 두 사람이 끝까지 소리 지르고 싸웠다. 그런 날이면 미정은 방 밖으로 나가 엄마와 오빠 사이를 몸으로 막아섰다. 어떻게든 자신이 그 상황을 중재하고 해결해야 한다고 생각했다.

미정이 말이 통하지 않는 오빠를 향해 목소리를 높이면, 엄마는 '넌 오빠 건드리지 말고 가만히 있으라'고 했다. 그래도 엄마와 오빠가 한밤중에 미친 사람들처럼 소리 지르고 싸우는 상황이 닥치면 미정은 한치의 망설임도 없이 스스로 자신에게 '경찰' 역할을 부여했다. 오빠의 폭력성이 자칫 미정을 향하게 될까 봐 걱정하는 엄마의 마음은 이해하지만, 그 상황을 당장 해결하지 않으면 자칫 더 큰 상황으로 번질 수 있기에 두고 볼 수만은 없었다. 그렇게 비장한 마음으로 거실로 향하는 미정의 가슴 한쪽에는 '이놈의 집구석, 내가 없으면 돌아가질 않지.' 하는 묘한 자부심 또한 있었다.

어느 날 사건이 벌어졌다. 밤

열 시가 넘은 시각에 엄마와 오빠가 또 실랑이를 하기 시작했다. 처음에는 늘 그랬듯 모르는 척하면 곧 끝날 줄 알았는데, 시간이 갈수록 상황이 점점 심각해졌다. 싸우는 소리가 더 커지기만 할 뿐 잠잠해질 기미가 보이지 않았다.

"그만 좀 해라, 좀! 제발 그만해!"

자정이 넘어 참다못한 미정이 방 밖으로 나와 오빠에게 소리를 지르자, 엄마가 한마디했다.

"넌 들어가 있어. 네가 나설 일 아니야."

미정은 어이가 없어 말문이 턱 막혔다. 뭐라도 한마디 하고 싶어 씨근덕거리다가 이내 한숨을 푹 내쉬고는 방문을 쾅– 닫고 들어와 침대에 주저앉았다. ××, × 같아서 못 해 먹겠네. 미정은 이어폰으로 양 귀를 틀어막고 아무 의미 없는 휴대폰 영상을 들여다보려고 노력했다. 하지만 거실 상황이 자꾸 신경 쓰였다. 싸우는 소리가 이어폰을 뚫고 들어왔다. 그렇게 한 시간 가까이 시간이 흘렀을 무렵, 오빠의 목소리가 귀를 찔렀다.

"다른 사람을 때려버릴 거야! 다른 사람을 죽여버릴 거야!"

오빠의 고함 뒤에 이어진 엄마의 목소리에 미정은 이어폰을 잡아 빼고 자리에서 벌떡 일어섰다.

"거기, 경찰이죠?"

미정은 순간, 엄마가 미쳤다고 생각했다. 급하게 거실로 나가 보니, 오빠가 시뻘게진 얼굴로 소리를 지르며 엄마가 들고 있는 휴대폰을 뺏으려 하고 있었고, 엄마는 그 와중에도 오빠를 밀어내며 경찰에 신고를 하고 있었다.

'아, ××! 내가 살다 살다 별꼴을 다 본다.'

대한민국 경찰이 가정 문제에, 그것도 자폐성 장애인 아들이 자신을 위협한다는 엄마의 신고에 어떻게 대응할지는 뻔했다. 늦은 시간까지 집에 없는 아빠나, 그 상황을 말리지 않는 자신을 어떻게 생각할지도….

미정은 이 모든 게 누구의 탓이 아님을 알면서도 당장은 그 누구든 탓하지 않으면 이 상황을 버틸 수 없을 것 같았다. 오빠가 자폐성 장애인이라는 사실이 싫었다. 자폐성 장애의 특징인 오빠의 강박을 어떻게든 고치려고 '지나치게' 애쓰는 엄마의 태도가 싫었다. 두 사람이 부딪칠 때마다 남 일처럼 한 발짝 멀찍이 떨어져서 방관하는 아빠의 무관심도 싫었다. 하지만 그 무엇보다도 싫었던 것은 그 상황을 완벽하게 정리할 수 없는 자신의 무력함이었다.

'어휴, 이놈의 집구석, 내가 나가고 말지. 거지 같아서 진짜….'

그래서 미정은 가족을 떠나는 게 불안하면서도 잠깐이라도 이 꼴을 보지 않고 살 수 있어서 다행이라고 생각했다. 태어나서 처음으로 가족과 같은 하늘 아래에 있지 않고, 심지어 밤낮이 완전히 반대인 도시에서 혼자 살게 된 것이다! 어학연수를 하는 11개월 동안에는 내가 하고 싶은 걸 해도 간섭받지 않을 수 있고 허락받을 필요도 없다니. 뭔가 잘못하거나 부모님, 특히 엄마의 뜻에 조금이라도 반하는 일을 해도 부모님이 당장 달려올 수 없는 먼 도시에서 혼자 살게 된다니! 미정은 약간의 불안을 느끼면서도 동시에 기대감에 부풀었다.

한밤중에 경찰이 집안에 들이닥치는 소동이 있고 몇 달 뒤, 미정은 열 시간이 넘는 비행 끝에 낯선 도시에 도착했다.

징-. 징-. 휴대폰 벨소리에 미정은 읽고 있던 기사를 옆에 치워두고 전화를 받았다. 건너 건너 알게 된 한국인 유학생의 전화였다. 몇 번 술자리를 같이 한 적이 있는 친구인데, 이날도 그가 술을 마시자고 제안했다.

"지금? 오늘은 힘들어. 내일까지 에세이를 고쳐 써야 해. 점수에 반영이 된다고 해서…. 다음에 마시자."

"뭘 그렇게 열심히 해? 어차피 알아주는 사람도 없잖아. 원래 어학연수는 놀러 오는 거 아니야?"

그 한마디가 미정의 머리를 어지럽혔지만, '이왕 하는 거 잘하면 좋잖아.' 하는 말로 대충 통화를 마무리하고 미정은 다시 펜을 잡았다. 영어로 하는 수업을 잘해보고 싶다는 욕심이 생기던 차였다. 다음 학기에 한 단계 더 높은 반으로 올라가려면 과제 점수도, 시험 성적도 잘 받아야 했다. 물론 이런 노력이 한국에서의 삶에 미치는 영향은 0에 수렴했지만, 미정은 그래도 좋은 결과를 내고 싶었다. 그게 자신을 믿고 이 먼 타국에 보내준 엄마에 대한 도리라고 생각했다.

미정의 오랜 버릇 중 하나는 학교 수업이 끝나면 엄마에게 전화하는 거였다. 중·고등학교를 지나 대학에 다닐 때도 꼬박꼬박 전화해 수업이 끝났음을 알리고 이후 일정을 공유하곤 했다. 딱히 엄마가 요구한 것도 아닌데 왜 그런 루틴이 생겼는지 이유는 알 수 없다.

타국의 낯선 도시에서도 미정은 수업이 끝난 후 버릇처럼 엄마에게 카톡을 남겼다. 수업은 잘 끝났고, 오늘은 뭘 할 거고…. 만약 밤낮이 완전히 뒤바뀐 시차만 아니었다면 직접 통화를 시도했을지도 모른다.

그날도 여느 때와 같이 수업이 끝났다는 카톡을 남긴 뒤, 기숙사로 가는 길이었다. 평소보다 수업이 조금 일찍 끝나 한국의 가족이 깨어있을지도 모른다는 생각에 미정은 휴대폰을 한번 쓱- 쳐다보다가 엄마에게 보이스톡을 했다. 얼마간 연결음이 이어졌지만 받지 않았다. '벌써 자나?' 하는 생각이 들어 전화를 끊으려던 찰나, 엄마의 목소리가 들렸다.

"엄마! 안 주무셨어요?"

"자려고 누웠는데 전화가 와서 받았네. 무슨 일 있어?"

'무슨 일이냐'는 엄마의 말에 괜스레 서운함이 불쑥 치솟았다. 아니, 꼭 무슨 일이 있어야 전화를 하나? 엄마는 내 전화가 안 반가운가? 미정은 서운함을 숨기고 조잘거리며 통화를 이어 나갔다.

"수업 끝나고 집에 가는 길이에요. 비타민도 잘 챙겨 먹고, 밥도 잘 챙겨 먹고 다니고 있어요."

"알아. 아까 카톡으로 얘기했잖아."

"음…, 주말에는 기숙사 친구들이랑 같이 밥 먹으러 가기로 했어요. 가서 쇼핑도 좀 할까, 싶어요."

"그래, 잘하고 있네. 그런데 왜 자꾸 전화하고 그래."

"… 네?"

예상치 못한 엄마의 말에 미정은 말문이 막혔다.

"왜냐니요…?"

"구구절절 말하지 않아도 잘살고 있는 거 알아. 우리는 별일 없으니까 너는 너 알아서 잘살아. 전화 너무 자주 하지 말고!"

미정은 얼떨떨한 상태로 전화를 끊고 기숙사 침대에 걸터앉아 생각에 잠겼다. 그러게. 왜 나는 이 먼 데까지 와서 매일 엄마를 찾지? 왜 그게 당연하다고 느꼈지?

혼란스러운 마음으로 한참 생각에 잠겨있던 미정은 룸메이트가 들어오는 소리에 정신을 차리고 냉장고에서 맥주를 한 캔 꺼내 라운지 소파에 앉았다. 두어 모금을 벌컥 벌컥 들이키고 손에 든 맥주 캔을 가만히 쳐다보다가 미정은 피식 웃었다. 일과를 마치고 집에서 편안하게 캔맥주를 마시다니, 한국에서는 눈치가 보여서 할 수 없던 일이었다. 가끔 '집에서 편하게 먹는 맥주'가 너무 간절한 날이면 가방에 몰래 맥주를 숨기고 들어와 방문을 잠근 다음, 방문에 등을 딱 붙이고 앉아 홀짝홀짝 마셨다. 집에서 맘 편하게 술을 마시지 못하니 종종 밖에서 술을 마실 일이 생기면 옳다구나, 하고 실컷 마기도 했었다. 그런데 지금은 장을 보러 가서 마시고 싶은 맥주를 골라 누구의 눈치도 보지 않고 편하게 마실 수 있다니. 이 새로운 일상이 미정은 낯설면서도 반가웠다. 모처럼 얻은 이 '자유'를 오롯이 즐기지 못하고 자꾸만 가족을, 특히 엄마를 떠올리는 이유가 뭘까? 미정은 한참을 고민하다가 결론에 도달했다.

'아, 눈에 보이지 않는 상황에서도 '당신들의 착하고 멋진 딸'이 잘살고 있다는 걸 끝없이 증명해야 한다고 나도 모르게 생각하고 있었구나. 가족이 내 빈자리를 끊임없이 느끼고 그리워하기를 바라는 마음이 있었구나. 그래서 내가 없어도 가족이 잘사는지 궁금하고, 나 없이도 집안이 잘 돌아가는 게 의아하고, 괜스레 심술이 났었나 보다.'

미정이 다 마신 맥주 캔을 우그러뜨리고 한 캔을 더 딸까 말까 고민하며 일어서는 순간 휴대폰이 울렸다.

징-. 징-. 그리고 마지막으로 한 번 더 징-.

엄마

> 시간 날 때 할아버지, 할머니랑 영상 통화 좀 해.
> 갑자기 건강이 나빠지셔서 요즘 요양보호사 선생님이 집에 오셔.

> 너 걱정할까 봐 일부러 말 안 했어.
> 지금은 많이 좋아지셨으니까 너무 염려 말고. 엄마 잔다.

그럼 그렇지, 아무 일도 없었을 리가 없지. 이럴 거면 걱정하지 말고 잘살라는 말을 하지 말든가. 아니면 끝까지 내가 모르게 하든가. 엄마도 나처럼 두 가지 마음인 걸까?

미정은 기숙사 냉장고 한쪽에 소중하게 보관해둔 캔맥주를 꺼내 따서 벌컥벌컥 마시고는 시원하게 숨을 하- 내뱉었다. 그리고 먹을거리가 뭐 없나 하고 살피다가 문득 수업을 마치고 오늘은 뭘 해 먹을까 고민하며 마트에 가서 장을 보고 요리를 하고 끼니를 챙기는 일상이 얼마나 소중한지 새삼 깨달았다.

그래, 여기서만큼은 내가 먹고 싶은 걸 먹고, 하고 싶은 걸 하고, 누구에게 허락받은 취향이 아닌, 내가 선택한 '내 취향'을 찾자. 한국에 돌아가면 완전히 다른 지역으로 직장을 잡지 않는 이상 다시 집으로 들어가야 할 테고, 그럼

이 정도의 '자유'도 누리긴 힘들 테니까.

미정은 말로는 집 걱정은 하지 말라고 하면서도 은근히 신경 써주기를 바라는 엄마의 마음을 여전히 느꼈지만, 이제는 자신의 삶에, 취향에, 선택에 집중해보기로 했다.

'착한' 딸, 파업합니다

귀국할 날을 한 달쯤 앞둔 어느 주말 아침이었다. 늦은 시간까지 침대에서 뒹굴던 미정은 쉬지 않고 징징 울려대는 휴대폰 진동에 몸을 일으켰다.

'보이스톡-엄마'

한국은 자정이 넘은 시간이었다. 미정은 그 시간까지 자고 있던 걸 들키지 않으려고 큼큼- 목을 가다듬은 뒤 반가운 목소리로 전화를 받았다.

"엄마~"

무슨 일이냐고 물어보기도 전에 태어나서 처음 들어보는 엄마의 목소리가 귀에 들렸다.

"나, 집 나왔다."

이게 무슨 자다가 봉창 두드리는 소리지?

"더는 너희 아빠랑 못 살겠다. 지금 아는 기도원에 가는 중이다. 아빠한테는 얘기하지 말고."

졸음이 싹 가셨다. 대체 무슨 소리를 하는 거야?

"네가 쓰고 있는 가족 카드를 정지할 거다. 내가 언제까지 밖에 있을지 모르니까. 넌 아빠한테 전화해서 돈 부쳐 달라고 해."

미정이 이게 무슨 소리냐고 되묻기도 전에 엄마가 전화를 끊었다. 그리고 곧 휴대폰에 반짝 하고 알림이 떴다.

엄마

아빠 눈치 보지 말고 당당하게 돈 부쳐달라고 해.

나는 앞으로 풀을 뜯어 먹고 살더라도 인간 대접 받고 살란다.
너희 때문에 참고, 내가 선택한 결혼이라서 참고,
부모님 속상하실까 봐 참다 보니 이 세월 다 갔다.
더는 이렇게 살 이유가 없다.

미정의 머릿속으로 불안이 극에 달한 오빠가 혼자 중얼거리며 손을 흔들고 안절부절못하는 모습이 스쳐 갔다. 내가 그 자리에 있었다면 상황이 이렇게 극한으로 치닫지 않았을지도 몰라. 미정은 자신을 원망했다. 가족이 어떻게 살 건 말건 내 삶만을 생각하며 살던 자신이 너무 이기적으로 느껴졌고, 천하의 죽일 년이 된 것만 같았다.

우선 아빠와 통화해야 했다. 대체 무슨 일이 있었는지

파악해야 했다. 아빠는 놀랍게도 21세기가 시작되고 이십 년이 더 지난 지금도 스마트폰을 쓰지 않아서 통화하려면 오빠를 통해야 했다.

"오빠, 옆에 아빠 있지? 좀 바꿔봐."

오빠가 아주 당황스럽고 혼란스러울 텐데 무슨 말이라도 해줘야 하나 싶었지만, 당장은 상황을 정확히 파악하는 게 급선무였다.

"아빠, 대체 무슨 일이에요?"

"네 엄마 대체 왜 그러는 거냐? 어딜 간 거야, 전화도 안 받고. 넌 알고 있지?"

미정은 말문이 턱 막혔다.

"아무리 화가 나도 그렇지, 이렇게 무책임하게 집을 나가버리면 어쩌자는 거냐? 이러면 해결이 되냐?"

아빠의 언성이 점점 높아지자, 미정은 순간 얼어붙었다. 어린 시절부터 엄마든 아빠든 목소리가 높아지면 오금이 저려 이도 저도 하지 못하고 쪼그라들던 미정이었다.

"엄마가 네 전화는 받지? 빨리 전화해서 집에 당장 들어오라고 해."

미정은 순간 왜 자신을, 더구나 이역만리 타국에 있는 딸을 부부 문제에 끼워 넣는지 의문이 들었다.

"아빠, 죄송한데, 이건 부부간의 일이고 두 분의 일이잖아요."

"뭐? 이게 왜 부부 일이야? 가족의 일이지. 너 왜 이렇게 너밖에 몰라?"

아빠의 호통에 미정의 눈에 눈물이 차올랐다.

"말도 안 되는 소리 하지 말고 빨리 전화해. 엄마가 너한테는 전화했을 거 아니야?"

차오른 눈물을 꾹꾹 눌러 삼키며 미정이 말을 이었다.

"그렇긴 한데, 가족 카드 정지할 거라고 하면서 아빠한테 생활비 달라고 하래요. 그 말만 하고 전화 끊으셨어요."

참나- 하는 어이없는 숨소리 뒤에 씩씩거리는 아빠의 말이 이어졌다.

"그게 무슨 소리야? 엄마가 집을 나갔는데, 너는 계속 거기 있겠단 말이야? 돈 절대 못 보내줘. 내일이라도 당장 들어와."

미정은 또다시 말문이 막혔다. 아니, 엄마가 집 나간 게 내 탓이야? 내 잘못이야? 어학연수가 아직 한 달이나 남았는데, 엄마가 나갔다고 왜 내가 무조건 다 포기하고 귀국해야 해?

하지만 이어진 아빠의 말은 더 가관이었다.

"아니, 당장 할아버지, 할머니 밥은 누가 차리냐? 오빠가 챙기리? 내가 챙길까? 너밖에 더 있어? 비행기 푯값은 보내줄 테니까 당장 들어와."

솟아나던 눈물이 쏙 들어갔다. 이 집은 대체 날 뭐로 생각하고 있는 거지?

"아빠, 제가 할아버지랑 할머니, 아빠랑 오빠 챙기는 사람이에요? 저도 엄연히 계획이 있어요. 그리고 어쨌든 어학연수는 합의된 거 아니에요? 어떻게 그런 얘기를 할 수가 있어요?"

아빠는 당황했다. 늘 엄마와 아빠 사이를 중재하고 자신보다 가족의 일을 더 우선시했던 착한 딸, 미정의 입에서 이런 말이 나올 줄은 몰랐으리라. 아빠가 황급히 '그런 뜻이 아니라, 일단 이 상황을 수습하자는 거지.' 하고 말했지만, 미정은 단호하게 선언했다.

"아빠, 이건 순서가 아닌 것 같아요. 최소한 아빠랑 엄마랑 두 분이 이 상황을 해결해보려는 노력이라도 하세요. 그래도 안 되면 생각해볼게요. 그리고 죄송하지만, 저한테는 남은 어학연수 한 달이 너무 소중해요. 저, 이렇게는 못 들어가요."

'부부간의 일'이라는 말에 아빠는 '이게 가족 일이지!' 하며 다시 언성을 높였지만, 미정은 '제 말 안 들어주실 거면 전화 끊을게요. 생활비 계산해서 보낼 테니 송금해주세요.'라고 말하고 전화를 끊었다.

간신히 참았던 눈물이 후두둑 떨어졌다. 숨죽여 울다가 급기야 누가 듣건 말건 꺽꺽거리며 울어 재꼈다. 한번 터진 눈물은 도무지 멈출 기미를 보이지 않았다. 그 와중에 다시

'카톡-.' 하고 알림이 떴다.

> **엄마**
>
> 내 걱정은 하지 마.
> 앞으로 어떻게 살지 생각하는 시간을 가질 거다.
> 오빠 걱정도 하지 말고. 그냥 남은 시간 잘 즐기고 와.
> 지나가면 다시 오지 않을 일 분 일 초란다.

　말이 쉽지, 엄마도 그렇고 아빠도 그렇고, 어쩜 그렇게 자기들밖에 모를까. 미정은 그날 온종일 꺽꺽 울면서 Family-oriented가 얼마나 자신의 삶을 옭아매고 있는지를 어렴풋이 깨달았다. 엄마, 아빠의 말을 잘 듣고, 오빠의 장애를 개의치 않고 다 이해하고 받아들이며 잘 돌보고, 틈날 때마다 조부모님의 식사를 준비하고 챙겨드리는 착한 딸, 그런 딸로 살기를 바라는 부모님의 바람을 완벽하게 충족시키는 것은 애초에 불가능한 일이었다.

　폭풍 같은 한 달이 지나갔다. 미정은 한국 땅에서 가족에게 어떤 일이 일어나든 말든 애써 외면하고 당장 눈 앞에 펼쳐진 다양한 경험의 기회를 최대한 누렸다. 부모님도 늘 충실하게 중재자의 역할을 하던 착한 딸의 '파업'을 결국에는 받아들이고 두 분 사이의 흐트러진 조각들을 삐거덕거리며 스스로 맞춰 나간 듯했다.

‘다신 오지 않을’ 시간을 보내고 한국으로 돌아가는 비행기 안에서 미정은 ‘Family-oriented’라는 쳇바퀴에서 탈출하기로 결심했다. 내가 없으면 제대로 돌아가지 않는 집구석이라는 것도 이상하고, 내가 없어도 잘 돌아가는 집구석을 보며 자신이 박탈감을 느끼는 것도 이상했다. 미정은 미정이고, 가족은 가족이다. 서로의 삶에 무조건적이고 절대적인 영향을 미치는 건 당연한 게 아니었다. 미정은 이 사실을 깨달은 자신이 낯설면서도 반가웠다.

　미정은 태어나서 처음으로 가족과 내 삶을 분리해야겠다고 생각했다. 앞으로는 가족이 있어서 미정이 있는 것인지, 미정이 있어서 가족이 있는 것인지 헷갈리는 일은 없을 것이다. 미정은 엄마, 아빠를 위해, 오빠를 위해, 할머니 할아버지를 위해, 가족 내의 안정과 평화를 위해 살아야 하는 존재가 아니다. 미정은 이제야말로 진정으로 누구에게도 영향받지 않고 오롯이 ‘나’로 살아가기로 다짐했다.

소진

말할 수 없었던
비밀

그날 소진은 무덤까지 안고 가려고 했던 자신의 비밀을 친구 한 명에게 털어놓기로 마음먹었다. 하지만 술의 힘을 빌려 간신히 입을 떼려는 순간, 자기도 모르게 화장실로 뛰어 들어가고 말았다. 철컥, 하고 화장실 문을 잠그고, 술기운 때문인지 긴장감 때문인지 뻘겋게 달아오른 얼굴을 식히면서 소진은 생각했다. 동생의 장애를 어떻게 설명하지? 이런 비밀을 털어놓고도 친구와 계속 얼굴을 보고 지내려면 어떻게 설명해야 할까? 동생에게 장애가 있다는 사실을 밝히겠다고 스스로 마음먹었지만, 막상 그 말을 꺼내기가 너무 어려웠다.

　'내가 어쩌다가 여기까지 왔지?'

　소진이 지금까지 누구에게도 밝히지 않았던 비밀을 공개하겠다는 엄청난 결심을 하게 된 이유는 몇 년 전부터 차곡차곡 쌓여왔다. 소진이 자신에게 심한 우울증이 있다는 사실을 자각한 게 그 시작이었다.

분명히 있지만 없는 동생

스물세 번째 생일을 맞은 날, 소진은 자신이 직접 고른 생일 케이크를 앞에 두고 하염없이 울고 있었다. 부모님은 그 모습을 말없이 지켜보고 있었다. 이윽고 엄마가 왜 우느냐고 이유를 물었고, 소진은 자신도 잘 모르겠다고 대답했다. 엄마는 그렇다면 금방 지나갈 것이라고, 곧 괜찮아질 거라고, 그러니 어서 케이크를 먹자고 하며 애써 소진의 눈물을 못 본 척했다. 아마도 본인이 해결할 수 없는 문제임을 알아차린 듯했다.

그즈음 소진은 죽고 싶다는 말을 부쩍 많이 했다. 부모님이 들으면 충격받으실 것을 잘 알지만, 자신이 힘들다는 사실을 굳이 숨길 필요가 없다고 생각할 만큼 상태가 심각했다. 소진의 생일 케이크 위에는 영화 〈도리를 찾아서〉에 나오는 캐릭터 장식이 놓여있었다. 주요 캐릭터가 모두 장애를 가지고 있는, 알고 보면 아주 파격적인 어린이 영화. 〈도리를 찾아서〉는 소진이 가장 좋아하는 영화이지만, 동시에 볼 때마다 눈에 눈물이 고이는 영화이기도 했다. 도리 가족의 모습에서 동생과 부모님이 보여서 그런 것일까? 하지만 도리는 외동이다.

'만약 도리에게 형제자매가 있었다면 내가 이 영화를 더 좋아했을까? 영화에서 난 어떤 모습으로 등장했을까?'

그날 소진은 이런저런 생각에 잠겨 눈물 젖은 생일케이크를 먹었다.

그때 소진은 가만히 있어도 눈물이 뚝뚝 흐를 정도로 심한 우울을 겪는 중이었다. 여태껏 살아오면서 이 정도로 심각했던 적은 처음이었다.

먼저 진로에 대한 고민이 있었다. 대학 졸업반을 앞두고 주전공을 살려 일반 교사가 될 것인가, 복수전공을 하는 특수교육의 길을 걸을 것인가를 두고 부모님과 마찰이 심했다. 하지만 분명 다른 이유가 또 있었다. 답답하고, 억눌려 있는 느낌. 끝내 죽고 싶다는 생각이 들게 하는 어떤 감정. 도대체 무엇이 소진을 이토록 힘들게 하는 것일까? 사실 소진은 그 답을 어렴풋이 알고 있었다. 어쩌면 이미 오래전부터 알고 있었지만 계속 외면해왔는지도 모른다.

"동생이 장애인이라는 걸 사람들이 알게 되면 그게 네 약점이 될 거야."

엄마는 정말 그렇다고 굳게 믿었다. 소진에게도 수없이 강조했다. 동생의 장애를 누구에게도 말하지 말 것. 엄마는 이 규칙을 잘 지켰고, 소진 자신도 그랬다. 그래서 초등학생 때부터 소진의 집에 놀러 올 수 있는 친구는 없었다. 놀러 오겠다는 친구가 있어도 엄마는 부모님이 못 오게 하신다고 핑계를 대라고 말했다. 어렸을 때는 그게 싫었지만,

중학생이 되면서는 소진 스스로 장애가 있는 동생을 본 친구들이 얼마나 떨떠름하게 반응할지 예상이 되었다.

그 후로 대학생이 될 때까지 동생은 '있지만 없는' 존재였다. 우선 친구들 앞에서 '나에게는 두 살 어린 남동생이 있어.' 이 이상의 정보를 말하지 않으려고 노력했다. 고등학생 때는 특히 더 신경을 썼다. 인근에 있는 고등학교가 손에 꼽을 정도로 적어서 몇 다리 건너면 친구도, 부모도 서로 다 아는 사이였기 때문이다. 자칫 방심했다가는 '○○중학교 걔 있잖아, 소진이 동생이래.'라고 소문이 도는 최악의 시나리오가 펼쳐질지도 모를 일이었다.

그렇다고 너무 감추기만 하면 오히려 궁금증을 더 유발할 수 있다는 걸 잘 알기에 적당히 '평균적인 남자 중학생'을 꾸며내서 동생으로 삼았다. '일반적인' 남매답게 자주 티격태격하고 가끔 사이가 좋은 그런 남매. 한 번 들으면 '아, 평범한 남매네'라고 한 다음, 금세 친구들의 기억에서 잊히는 그런 남매로 보이는 게 목표였다.

흔히 '찐 혈연관계' 같은 제목을 단 인터넷 게시물을 보면, 악동뮤지션을 비롯한 연예인 남매가 서로의 행동을 비위 상해하고 서로를 '우리 엄마 아들', '우리 엄마 딸', '호적 메이트'로 취급했고, 그러면 많은 사람이 댓글로 공감하는 것을 볼 수 있었다. '사람들이 생각하는 평범한 남매는 이런 거구나. 나도 이렇게 보여야겠다. 너무 사이가 좋거나 너무 자주 싸우면 더 이상해 보일 거야.' 소진은 이런 생각으로 3년을 버텼다.

가족 얘기를 할 때도 너무 튀거나 너무 조용하지 않도록 최선을 다했다. 부모님에 대해 말할 때는 동생과 관련된 단서를 말하는 일이 없도록 조심했다. 예를 들어, 엄마가 수요일마다 동생을 수영장에 데려다준다거나 동생이 수영을 배운다는 사실을 절대 말하지 않았다. 매주 수요일에 장애 학생 수영반이 열린다는 사실을 누군가 알고 있다면, 그가 소진의 동생에게 장애가 있을 것이라는 의심을 0.1퍼센트라도 할 수 있기 때문이다. 소진은 그 작은 확률마저 없애고 싶었다.

'정상적인 가정'으로 보이고 싶었던 소진의 노력에는 부작용이 있었다. 고등학교 졸업식 날의 일이다. 입시 결과에 상관없이, 고3에서 막 벗어난 스무 살 여자아이들은 무척 들떠 있었고, 점심을 맛있게 먹자마자 곧바로 미래에 관해 이야기하기 시작했다. '우리 세대는 나중에 직업이 몇 번이나 바뀌게 될 거라는데, 과연 무슨 일을 하면서 살게 될까?'와 같은 얘기를 나누다가 엄마들의 결혼 전 직업이 화제가 되었다. 소진은 이날 처음으로 엄마가 영양사였다고 말했다. 그러자 한 친구가 이런 얘기를 처음 듣는 게 속상한 듯이 말했다.

"넌 진짜 자기 얘기를 너무 안 해."

소진은 거짓말을 하다가 들킨 사람처럼 깜짝 놀랐다. 3년간의 연기가 물거품이 된 느낌이었다. 가족에 대해 숨기는 것처럼 보이지 않으려고 얼마나 노력했는데, 끝내 이런 말을 듣게 되다니, 소진은 너무 당황한 나머지 애써 화제를 돌렸다. 지금은 그 친구와 연락도 뜸해졌지만, 그날 들었던 그 한마디는 이후로도 몇 년 동안 소진을 괴롭혔다.

'티 안 나게 동생을 숨기려고 얼마나 노력했는데, 결국에는 폐쇄적이고 방어적인 사람이라는 이미지를 갖게 되는구나. 연기하는 거 너무 피곤해. 나한테도 동생 얘기, 가족 얘기를 맘 편하게 할 수 있는 친구가 있으면 좋겠다. 장애형제가 있다는 걸 내 약점으로 보지 않는 친구, 아니 나랑 똑같이 장애형제가 있다는 공통점이 있는 친구를 만나고 싶다.'

이런 마음의 소리를 무시하고 지내온 지 4년. 소진의 우울은 그 응어리가 곪을 대로 곪은 것이었고, 드디어 터질게 터진 것이었다.

비장애형제를 찾아 헤매다

'다른 비장애형제를 만나고 싶어.'

소진은 처음으로 자신의 소원을 마주했다. 그러자 우울

의 원인을 찾아낸 것 같아 후련했지만, 곧 다시 답답해졌다. 비장애형제를 어떻게 만나지?

지금까지 소진이 만나본 비장애형제라고는 동생이 아주 어릴 때 다니던 언어치료실 아이들의 형제자매가 전부였다. 그때는 부모님이 다른 장애아 부모와 나름 친밀하게 교류해서 서로의 집에 놀러 가기도 했는데, 나이가 너무 어렸던 탓에 서로 간에 '공통점'이 있다는 인식은 하지 못하고 그저 새로 만난 동네 친구들처럼 어울려 놀기만 했었다.

'그 애들과 계속 연락했어야 했는데! 혹시 연락처가 아직 남아있는지 부모님께 물어볼까? 아니야, 부모님은 내 고민에 공감하지 못하실 거야.'

솔직히 연락처가 남아있을 것 같지도 않았다. 그럼 어떡하지? 세상에 장애인이 이렇게 많은데 왜 비장애형제는 찾아볼 수가 없는 걸까?

소진은 최선을 다해서 그것 말고 비장애형제와의 접점이 더 없었는지 기억을 더듬어보았다. 문득 고등학생 때 다른 비장애형제와 만날 기회가 있었다는 게 생각났다. 어느 날 학교를 마치고 집으로 돌아오니, 엄마의 책상 위에 처음 보는 봉투가 놓여있었다. 동생이 다니는 복지관에서 보낸 것이었다. 소진은 아무 생각 없이 그게 뭔지 물었고, 엄마는 비장애형제 모임 참가 신청서라고 대답했다. 하지만 이미 신청 기간은 끝나 있었다.

"왜 나한테 안 물어봤어?"

"응? 별로 필요 없을 거 같아서. 넌 친구들이 동생에 대해서 아는 거 싫어하잖아. 여기 참가한다고 복지관을 들락날락하면 사람들이 알 수도 있는데?"

소진은 기가 찼다. 그런 생각을 자신한테 주입한 사람이 누군데. 그리고 친구들이 동생에 대해 알게 되는 것과 소진이 다른 비장애형제를 만나는 것은 별개의 일이다. 무엇보다 이건 소진과 관련된 일이니 소진에게 먼저 물어봤어야 한다. 엄마는 그냥 공부에 방해가 될까 봐 아예 알리지 않아놓고는 괜히 소진의 핑계를 대는 것 같았다.

"지금 그게 문제야? 나한테 먼저 물어봤어야지. 내가 친구들 사이에서 동생을 숨기느라 얼마나 답답한데. 나 그 모임 나갈래."

… 라고 말할 수 있었다면 얼마나 좋았을까. 지금의 소진이라면 충분히 그러고도 남지만, 당시 고등학생이었던 소진은 공부가 가장 중요하다는 말에 세뇌되어 있었다. 부모님이 돌아가시면 자신이 동생의 보호자이기 때문에 당연히 안정적인 직업을 가져야만 하는 줄 알았고, 그러려면 반드시 공무원이 되어야 한다는 생각 하나로 고등학교 시절을 보냈다. 다른 것에 신경 쓸 여유가 없었다. 마음속으로는 비장애형제 모임에 정말 나가고 싶었더라도, 실제로는 "알았어." 이 한 마디로 엄마와의 대화는 종료되었다.

여기까지 회상하고 나니 소진은 더 답답해졌다. 내가 기회를 걷어찼구나. 그때 내가 왜 그랬을까. 이젠 정말 누구에게든 이 힘든 마음을 털어놓고 싶다. 답답해. 살려줘. 다른 비장애형제는 누구하고 이런 얘기를 할까? 다들 어떻게 살고 있지?

그러다 문득 다른 비장애형제는 어떻게 살고 있는지 그 흔적이라도 찾아보고 싶다는 생각이 들었다. 소진은 곧바로 컴퓨터를 켜고 자신이 아는 모든 포털 사이트에 들어가 '비장애', '비장애형제', '장애형제'라는 키워드로 검색을 하기 시작했다. 그러는 사이에도 가끔 뜨거운 물이 볼을 타고 흘러내리는 것 같았다.

검색 결과 사회복지관에서 하는 일회성 프로그램과 장애형제나 부모와 동반하는 초등학생 대상 프로그램을 찾을 수 있었다. 만약 내가 십 년만 늦게 태어났더라면, 아니 부모님이 조금이라도 날 신경 써줬더라면, 나도 이런 프로그램에 참여할 수 있었을까? 아니, 참여해서 다른 비장애형제와 친구가 될 수 있었을까? 어쨌거나 성인 비장애형제를 대상으로 하는 프로그램은 눈을 씻고 찾아봐도 없었다.

아무 진전 없는 검색 결과에 지쳐가던 중, 우연히 한 인터넷 카페에 장애아 부모가 포스팅한 글에 달린 댓글이 눈에 들어왔다. 원 글은 젊은 장애아 부모가 흔히 겪는 고민과 조언을 청하는 내용이었다.

'우리 첫째 아이가 장애가 있는 동생에게 부담을 느끼지 않고 컸으면 좋겠는데 어떻게 해야 좋을까요? 선배님들, 알려주세요.'

그 아래에 달린 댓글은 이러했다.

'너무 걱정하지 말고 첫째에게 꾸준히 관심을 주세요. 그리고 우리 딸은 '대나무숲 티타임'이라는 모임에서 다른 비장애형제와 이야기를 나누고 오는데, 그게 도움이 많이 되는 것 같더라고요.'

('나는'의 멤버들은 아직도 이분이 어떤 멤버의 부모님인지 모른다. 신기한 일이다.) 순간 눈물이 뚝 그쳤다. 새로운 정보였다. 소진은 곧바로 '대나무숲 티타임'이라는 키워드로 검색을 했고, 곧 처음에 '비장애형제'로 검색했을 때는 보이지 않던 페이스북 페이지가 나왔다. 성인 비장애형제를 대상으로 한 자조모임 프로그램. 소진이 찾던 바로 그 모임이었다. 다만 활동한 기록이 작년에 멈춰있는 게 마음에 좀 걸렸다. 그렇다고 여기서 포기할 수는 없었다.

바로 이메일을 쓰기 시작했다. 비장애형제를 겨우 찾은 이 와중에도 자신을 감추고 싶은 마음에 일부러 부계정 메일로 조심스레 문의 메일을 보냈다. 더는 활동하지 않는 것인지, 다시 한다면 자신이 참여할 수 있는지 등등. 고작 메일 하나 보내는 건데도 너무 떨렸다. 소진은 마우스를 쥐고 한참을 망설이다가 마침내 보내기 버튼을 클릭했다.

답장은 바로 다음 날 도착했다. 따뜻한 환영의 인사와 함께 며칠 뒤에 모임이 있으니 참여해도 좋다는 내용이 담겨있었다. '용기 내서 메일 보내길 잘했어.' 소진은 자신을 스스로 칭찬했다. 이날의 이메일이 인생의 큰 전환점이 될 것 같았다.

　　　　　　　　어느 화창한 주말, 드디어 기다리고 기다리던 날이 왔다. 너무 떨리고 긴장해서 지난밤엔 잠도 제대로 못 잤던 것 같다. 어떤 사람들이 나올까? 몇 명이나 나오지? 다들 나랑 상황이 비슷할까? 뭐 필기할 거라도 가져가야 하나? 말하다가 울어버리면 어떡하지? 너무 오랫동안 가슴에 담아온 걸 한꺼번에 풀어내는 느낌이었고, 말을 잘할 수 있을지 부담도 되었다. 이건 단순한 설렘이나 긴장이 아니었다. 살면서 처음 느껴보는 아주 무거운 감정이었다. 실제로 심장에 압박이 오는 것 같았다.

첫 만남 장소인 건물 안은 꽤 조용했다. 띵- 소리와 함께 엘리베이터 문이 열리고, 먼저 도착해있던 '나는' 멤버들이 소진을 반갑게 맞아주었다.

모임에 참여한 이들은 너무나 평범한 2, 30대였다. 그럼, 당연하지. 이마에 비장애형제라고 쓰여있을 줄 알았나. 소진은 지구에서 처음 동족을 만난 외계인이 된 것 같은 기분이었다. 너무 반가웠고, 또 그 사람들이 궁금했다.

'나는'은 비장애형제의 이야기를 책으로 엮어 출판하는 것을 목표로 소모임을 진행하고 있었다. 먼저 각자 자기소개를 간단하게 마친 뒤, 매주 다양한 주제를 놓고 이야기를 나누는 방식으로 모임이 진행되는데, 이날의 주제는 '지금까지 살아오면서 장애형제에 대해 부정적인 감정을 느꼈던 순간'이었다.

소진은 이 모든 게 그저 신기했다. 부모님이나 친척, 복지관 선생님이 아니라 자신과 같은 비장애형제와 대화할 수 있다는 것이. 동생을 다른 사람에게 '소개'한 것도 처음이었다. 지금까지 소진이 동생 얘기를 할 수 있었던 사람은 이미 동생에 대해 잘 아는 사람들이었기 때문이다. 그래서일까? 서로의 이야기를 나누기에는 시간이 너무 부족했다. 그렇지만 아쉽지는 않았다. 조만간 또 만날 테니까.

모임이 끝난 뒤에는 다 함께 지하철역을 향해 걸었다. 모임 시간에 다하지 못한 이런저런 얘기를 나누며 서로에 대해 더 알아갔다. 차가운 공기와 이제 막 하늘을 물들이기 시작한 노을, 멀리서 간간이 들려오는 지하철 소리…. 소진은 특별한 어떤 순간이 아닌, 평범한 일상에서 부모님이 아니라 자신의 또래와 동생 얘기를 하며 걸어가는 이 순간이 너무 신기했다. 너무 좋았고, 해방감마저 느껴졌다. 당연히 다음 모임에도 참가하고 싶었다.

그러면서도 한편으로는 다음 번에는 마음의 준비를 더

단단히 하고 와야겠다고 생각했다. 아침부터 마음을 누르고 있던 돌덩이가 더 무거워진 걸 발견했기 때문이다. 왜일까? 태어나서 처음으로 동생의 장애를 털어놓고 사이다를 마신 듯 속이 뻥 뚫리는 시간을 보냈는데, 왜 고구마를 먹은 것처럼 마음이 더 답답해진 거지? 그때 소진은 자신이 이 모임에서 무엇을 기대했으며, 왜 엇나가고 있는지 미처 알아차리지 못했다.

　　　　　　　　　며칠 후, 소진의 가족이 다 함께 드라이브를 나갔다. 소진은 달리는 차 안에서 갑자기 '나는'이라는, 자신이 새롭게 찾은 안식처를 부모님 앞에서 자랑하고 싶어졌다. 동시에 그동안 아무에게도 동생에 대해 말하지 못해 답답한 자신의 마음을 몰라주고 끝내 대학생이 된 후에야 직접 비장애형제를 찾아 나서게 만든 부모님에게 죄책감을 느끼게 하고 싶었다.

'나는'에 대해 말하려는 순간, 문득 옆자리에 앉아있는 동생이 눈에 들어왔다. 비장애형제가 뭔지 동생은 알까? 아니, 애초에 자신이 장애인이라는 자각이 있을까? 너와 같은 사람을 형제자매로 둔 사람들의 모임에 네 누나도 참가하고 있어, 라고 말해주면 동생이 이해할 수 있을까? 가만 생각해보니, 그렇다고 동생이 절대 들어서는 안 될 말도 아닌 것 같아서 소진은 별것 아닌 듯이 말을 툭 내뱉었다.

"나 새로운 동아리에 가입했어. 비장애형제 동아리."

'비장애형제'라는 말을 처음 들어본 부모님은 한동안 무슨 말인지 해석하느라 별다른 반응을 보이지 않았다. 곧 뜻을 이해한 아빠가 "음, 그래? 잘됐네."라고 말했고, 엄마도 "그래, 잘해봐."라는 다소 싱거운 대답을 했다. 두 분이 죄책감을 느꼈는지는 알 수 없었다. 하지만 소진은 혼자서 속으로 '이 말을 들으니 기분이 어때? 나한테 좀 미안하지? 엄마, 아빠는 내가 비장애형제를 찾는 줄도 몰랐지?' 하면서 소심하게 자기만족을 했다. 이제 부모님께도 알렸으니, 앞으로 열심히 활동에 참여하는 일만 남아있었다.

나 여기서 뭐 하고 있는 거지?

'나는'에서의 활동은 순조로웠다. 다양한 프로그램을 진행하고, 책도 쓰고, 더 많은 비장애형제를 만나고, 장애아 부모를 대상으로 하는 교육도 계획했다.

'내 대학 생활이 이럴 줄은 상상도 못 했는데.'

소진은 대학 생활을 아주 바쁘고 알차게 보내고 있는 것 같아 마음이 뿌듯했다. 이상하게도 활동하면 할수록 자꾸만 커지는 마음속 돌덩이를 못 본 척한 채로.

그해 여름, '나는'은 공공기관의 지원으로 전국을 순회

하면서 부모교육을 하게 되었다. 활동도 하고 여행도 할 수 있다는 생각에 소진은 출발 전부터 기대가 컸다. 그동안은 비장애형제끼리만 모여서 대화했는데, 처음으로 장애아 부모와 만나는 자리를 갖게 된다니 왠지 어색할 것 같기도 하고 어떤 대화가 오갈지 궁금하기도 했다.

부모교육에 참여하는 분들은 대부분 자녀가 어리다고 들었다. 자녀의 나이가 많아 봐야 고등학생 정도라고 했다. 소진은 부모교육에 참석한 분들에게 비장애자녀가 원하는 바를 잘 전달해서 어린 비장애형제들을 도울 수 있기를 바랐다. 그러면서 한편으로는 조금 걱정되기도 했다. 장애가 정마다 상황이 다 다를 텐데 우리의 이야기가 어떤 식으로 도움이 될까, 하는 의구심이 든 것이다.

부모교육이 열리는 지역 중 한 곳인 제주도는 아주 뜨거웠고, 또 아름다웠다. '나는'의 멤버들은 먼저 짧은 여행을 마친 후 이 여행의 본래 목적인 부모교육을 준비하기 시작했다. 소진은 발표자가 아니어서 다과를 준비하고 책상과 의자를 정리하는 등 진행을 돕기로 했다.

이윽고 하나둘 부모들이 도착하기 시작했고, 어느 정도 자리가 차자 태은의 발표가 시작되었다. 소진은 강의실 맨 뒤쪽으로 이동해 기대에 찬 부모들의 뒷모습을 바라보았다. 그런데 교육을 듣는 동안 마음 한구석에서 의구심이 자꾸 고개를 들었다. 부모교육을 한다고 부모들이 정말 바뀔까? 이분들이 우리가 하는 말을 제대로 듣기는 할까? 그즈음 소진은 소위 중2병과 비슷한 심리 상태에 있었기에 모든 것에 비관적이었다.

'내가 지금 여기서 뭐 하고 있는 거지?'

갑자기 모든 게 허무하게 느껴졌다. 다 집어치우고 집에 가고만 싶었다. 분주하게 움직이는 멤버들을 보면서 자신이 여기에 있는 게 오히려 짐이 되는 게 아닐까 하는 생각이 들고 미안한 마음마저 들었다. 발표를 맡지 않은 게 천만다행이었다.

소진이 부모들을 만나 하고 싶은 건 교육이 아니라 일방적인 통보였다. '당장 비장애자녀에게 사과하세요! 그리고 비장애자녀가 원하는 대로 하게 해주세요! 이미 망한 밭이 아니라 되는 밭에 투자하세요!'라고 소리치고 싶었다.

언젠가 '나는' 모임에 참가한 한 분이 이런 말을 했었다.

"자식 농사라는 말이 있잖아요. 자식을 밭에 비유하자면, 장애형제는 망한 밭, 작물을 심을 수 없는 밭이라고 할 수 있어요. 비장애형제는 작물을 심으면 자랄 수 있는 밭이고요. 물론 그 밭에 항상 풍년이 든다고 장담할 수는 없지만, 저는 부모님이 가능성이 있는 쪽에 좀 더 집중해줬으면 좋겠어요."

소진도 정확히 같은 생각을 한 적이 있어서 그 말에 매우 공감이 갔다. 부모가 들으면 충격받을 수도 있지만, 부모가 바뀌려면 이런 충격요법을 쓰는 게 더 효과적이지 않을까, 하는 생각도 했다. 만약 소진이 어렸을 때 부모님이 이 교육을 들었다면 뭔가 달라졌을까? 젊은 시절의 부모님이 지금 '나는'의 멤버들이 하는 말을 이해하고 받아들일 수 있었을까?

과거를 가정하는 건 아무 의미 없다는 걸 잘 알지만, 소진은 부모님이 변하지 않았으리라고 결론 내렸다. 왜냐하면 그때 부모님은 너무 젊었고, '장애자녀를 감당하는 것'만으로도 아주 힘들었으니까. 그리고 동생이 언젠가 완치될지 모른다는 희망에 매달리느라 소진이 계속 말 잘 듣는 착한 아이로 있기를 바랐을 테니까. 그렇다면 자신이 대체 왜 여기에 서 있는 걸까. 어차피 우리가 부모교육을 한다 해도 젊은 장애아 부모들은 변하지 않을 텐데.

이런저런 생각을 하는 사이 시간이 어떻게 지나갔는지도 모르게 부모교육이 끝나버렸다. 시작할 때와 달리 마음이 복잡했지만, 일단은 무사히 끝나서 다행이었다.

일정을 마무리하고 집에 도착한 후, 소진은 자신이 이 모임에 없는 것을 바라왔다는 걸 어렴풋이 깨달았다. 그렇다고 '나는'을 탈퇴할 마음은 없었다. 여기 말고는 동생에 관해 얘기할 수 있는 곳이 없었다. 그렇다고 적극적으로 활동에 참여하고 싶은 마음도 없었다. 소진 스스로도 이런 자신을 이해하기 어려웠다. 자신이 마치 여기 붙었다 저기 붙었다 하는 박쥐처럼 느껴지기까지 했다. 알고 보면 그저 내면을 정리할 시간이 필요했던 것뿐이지만, 소진이 이 사실을 깨달은 건 시간이 조금 더 지난 후의 일이었다.

　　　　　　　몇 달간의 노력 끝에 드디어 '나는'의 첫 번째 책이 출간됐다. 오, 내가 책을 쓰다니! 처음 해 보는 경험에 신이 난 소진은 곧 이 기쁨을 공유할 수 있는 사람이 별로 없다는 걸 깨달았다. 부모님 말고는 떠오르는 사람이 없었다. 친구 중에 소진의 동생에 대해 아는 사람은 아무도 없었고, 친척들은 처음부터 염두에 두지도 않았다. 그나마 간신히 떠올린 것이 특수교육과 교수님이었다. 이 기회에 교수님들도 비장애형제 시점에서 쓴 이야기를 알면 좋을 거라는 생각에 소진은 책 몇 권을 챙겨 들고 학교로 향했다.

　책을 선물 받은 교수님 중 한 분이 기념으로 사인을 해 달라고 요청하셨다. '김소진'. 아무 생각 없이 이름 석 자를 쓰자마자 후회가 밀려왔다. '누가 썼는지 모르게 하려고 일부러 닉네임을 사용했는데 실명으로 사인을 해도 괜찮을까? 물론 교수님은 내가 쓴 걸 알고 있고, 또 읽다 보면 어떤 닉네임이 나인지 저절로 알겠지만, 그렇다고 해도 내가 쓴 책이라고 이렇게 못 박아도 되는 걸까?'

　소진은 비장애형제로서 자신이 하는 이야기를 가능한

한 많은 사람이 읽고 듣기를 바랐다. 동시에 그게 자신의 이야기라는 사실은 아무도 몰랐으면 했다. 익명으로 관심을 끌고 싶었다. 이런 사람을 '소심한 관종'이라고 하던가.

'혹시라도 이 사인을 특수교육과 친구들이 우연히 발견하고 내가 비장애형제인 걸 알게 되면 어떡하지?'

걱정이 망상 수준에 이르자, 소진은 얼른 교수실을 빠져나왔다. 이미 엎질러진 물이었다. 드린 책을 다시 뺏을 수도 없는 노릇이었고, 만에 하나 걱정이 현실이 된다고 해도 그건 소진이 어찌할 수 없는 영역이었다. 소진은 걱정을 빨리 털어버리려는 듯 고개를 두어 번 흔들고는 부모님에게 책을 전달하기 위해 곧바로 집으로 향했다.

"엄마 아빠, 책이 나왔어요. 이거 비장애형제 동아리에서 멤버들하고 내가 쓴 거야."

아빠는 책의 내용보다 소진이 책을 썼다는 사실 자체를 더 좋아하는 듯했다. 엄마는, 이건 한참 후에야 알게 된 사실이지만, 소진이 교사를 하고 싶지 않다고 쓴 첫 부분만 읽고 책을 덮었다고 했다.

소진은 엄마, 아빠의 독후감이 궁금했고, 또 궁금하지 않기도 했다. 지난 이십몇 년간 응어리진 감정과 오해를 이 책을 계기로 풀고 싶었지만, 생각처럼 되지 않았다. '나는' 활동을 통해 자신의 내면은 조금씩 정리할 수 있었지만, 부모님과의 관계는 또 다른 문제인 듯했다. 오랜 기간 쌓여온 문제인 만큼 천천히 풀어가야 할 것 같았다.

                      '나는'의 새로운 소모임이
시작되었다. 이날도 새롭게 만난 몇십 명의 비장애형제와
함께 몇 개의 그룹으로 나뉘어 앉아 각자 자기소개를 마친
뒤 이날의 주제에 대해 서로의 이야기를 꺼냈다. 소진은 그
자리에 함께하면서 틈틈이 비장애형제 한 명 한 명을 유심
히 살펴보았다. 마치 학기 초에 친해질 만한 그룹을 찾는
학생처럼.

  '이 사람은 손위 형제에게 장애가 있군. 장애형제가 손
위 형제이냐 손아래 형제이냐에 따라 비장애형제의 역할
이 완전히 달라지지. 저 사람은 장애형제가 여자구나. 여
자 장애인과 남자 장애인은 고민되는 게 서로 많이 달라.
이 사람은 형제의 장애 유형이 자폐가 아니네. 사실 난 자
폐 말고 다른 유형의 장애는 잘 모르겠어. 저 사람은 나처
럼 남동생이 자폐성 장애인이지만, 형제가 한 명 더 있잖
아? 다른 비장애형제가 있다는 것만으로 의지가 많이 되겠
다. 나는 혼자인데….'

  소진은 이것 말고도 장애형제의 장애 정도, 비장애형제
의 나이와 성별, 친구에게 장애형제의 존재를 이야기하는
지 등 여러 가지 기준으로 다른 비장애형제와 자신을 비교
했다. 그렇게 한 명 한 명을 지워 나가다 보니 결국 이날도

'친구 찾기'에 실패하고 말았다.

그 자리에 더 있어야 할 이유를 느끼지 못했지만, 자리를 박차고 나갈 수도 없어서 소진은 모임이 끝날 때까지 미소를 띤 채 간신히 자리를 지켰다. 자신과 상황이 다른 비장애형제의 얘기를 듣는 게 전혀 재미가 없는 건 아니었지만, 모임 시간이 너무 짧다 보니 서로의 이야기를 충분히 할 수 없었다. '예비 친구'조차 될 수 없는 사람들과 수박 겉핥기 식으로 이야기를 나누는 건 소진에게 아무 위로가 되지 않았다.

한번은 이런 일도 있었다. '장애형제가 싫었던 순간'이라는 주제로 이야기를 나누는데, 한 비장애형제가 장애형제인 오빠의 폭력성이 아주 심해서 본인은 물론 부모님도 매일 힘든 시간을 보내고 있다고 말했다. 그러자 그 자리에 있던 모두가 그 고민에 공감을 표현하고 같이 화를 냈다. 물론 소진도 그중 한 사람이었다. 하지만 솔직히 말해 그때 소진이 느낀 감정은 비장애형제로서의 공감이라기보다, 슬픈 다큐멘터리를 봤을 때 누구나 느낄 수 있는 정도의 슬픔과 연민에 가까웠다.

소진의 동생은 폭력성이 없다. 그래서 폭력적인 성향이 있는 장애형제와 함께 살아간다는 게 어떤 건지 잘 모른다. 물론 상상력을 동원해서 공감할 수는 있겠지만 그 정도로 그 비장애형제가 겪는 고통을 안다고 할 수 있을까? "난 한

번도 장애형제에게 맞아본 적이 없지만, 그 상황이 어떤 건지 알 것 같아요.”라고 말한다면 그 비장애형제가 받아들일 수 있을까? 입장을 바꿔 소진이 그 비장애형제라면 전혀 위로가 되지 않을 것 같았다. 더 나아가 그런 말이 오간다면 더 이상 서로가 더 깊은 대화를 나누기는 어렵다고 판단할 것 같았다.

소진은 괴로웠다. 자신과 비슷한 상황에 있는 사람을 만나 서로의 아픔을 공감하고 싶어서 이 모임에 참여했는데, 도무지 공감이 가지 않아서 너무 힘들었다. 내 공감 능력에 문제가 있는 걸까? 어딜 가야 나와 비슷한 비장애형제를 만날 수 있을까? 소진은 이 모임에서 소울메이트를 찾을 수 있을 거라고 기대했지만, 알면 알수록 ‘나는’의 사람들은 서로 너무나 달랐다.

모임이 끝난 후 소진이 결국 참아왔던 눈물을 터뜨렸다. 그러자 해수가 소진을 다독여주면서 말했다.

“너무 힘들면 잠시 쉬어도 돼.”

그 후로 소진은 한동안 ‘나는’에 발길을 끊었다.

떠나고, 돌아오다

일 년이 지났다. 그사이에도 소진은 틈틈이 ‘나는’의 소식을 확인했다. 대학 졸업 후 취업 준비로 바쁜 와중이었지만, 소진에게 '나는'은 언젠가는 돌아가야 할 곳이었다. 다만 그 시기가 언제가 될지, 또 돌아간다면 그때는 무슨 이야기를 해야 할지 아직 모를 뿐이었다.

그러던 어느 날 소진은 우연히 '나는'에서 운영하는 '같이 보다'라는 프로그램을 알게 되었다. 비장애형제와 관련한 영화에 관해 이야기하는 모임이었다. 모임도 한 달에 한 번. '나는'과 낯가리던 중인 소진에게는 딱 맞는 빈도였다. 영화를 보고 소감을 나누는 프로그램이라는 것도 좋았다. 언제 한번 비장애형제가 나오는 영화를 몰아 보고 싶었지만 마땅한 기회가 없어 계속 미루고 있던 참이었다. 소진은 정말 오랜만에 활동 신청서를 작성했다.

첫 모임은 조용한 카페에서 진행되었다. 인원은 모두 4명. 친구와 수다 떨 듯 가볍게 이야기할 수 있고 가끔 적당히 무거운 주제도 다룰 수 있는 편안한 자리였다. 영화 〈원더〉, 〈그것만이 내 세상〉, 〈길버트 그레이프〉를 보고 만나 정해진 주제를 놓고 이야기를 나누었는데, 그때마다 소진은 서로의 생각이 얼마나 다른지를 알고 무척 놀랐다.

또 소진이 놀란 게 있는데, 그건 바로 이 모임에서도 주변에 장애형제의 존재를 단 한 번도 밝히지 않는 사람은 소진이 유일하다는 사실이었다. 소진은 다시 한번 이상한 소외감을 느꼈다. '왜 나만 답답하게 사는 거지? 다들 말하

지 않는 줄 알았는데. 다들 장애형제에 대해 이야기하고 나서 후폭풍이 감당된단 말이야?'

다른 비장애형제는 친구나 애인에게 장애형제에 대해 밝히고 나서도 예전처럼 지낸다고 했다. 소진은 그 말이 믿기지 않았다. 우리나라에서 자란 사람이라면 장애인을 만날 기회가 흔치 않다. 장애인과 개인적으로 알고 지내는 건 고사하고, 길에서 휠체어 사용자를 볼 기회조차 별로 없다. 신체적 장애인도 만나기가 쉽지 않은데 하물며 정신적 장애인은 오죽할까. 어쩌다 운 좋게 특수학급이 있는 학교를 다닌 사람이라고 해도 아마도 장애아이를 멀찌감치서 보는 정도에 그쳤을 것이다. 설사 같은 반에 장애아이가 있었다고 해도 일반 교사가 장애학생과 비장애학생이 가깝게 지내도록 교우 관계까지 신경 쓰지는 못했을 것이다.

장애인과의 교류 부재, 즉 장애인에 대한 '미지'는 공포를 낳는다. 어딘가 불편하고, 어색하고, 굉장히 예민한 주제여서 말을 조심해서 해야 할 것 같은 대상, 그게 바로 우리 사회의 장애인이다. 소진은 만약 자신에게 장애인 동생이 없었다면 자신도 다른 사람과 마찬가지로 장애에 대해 말하기 껄끄러워하고, 장애인이 존재한다는 사실조차 제대로 인식하지 못했을 것으로 생각한다. 그런데 어떻게 내 동생에게 장애가 있다고 밝힐 수 있지?

소진은 영화모임에서 자신의 이런 생각을 조심스럽게

꺼냈다. 자신의 친구들 가운데 동생이 장애인이라는 사실을 아는 사람은 아무도 없으며, 아마도 그 친구들은 말로만 듣던 장애인의 가족이 이렇게나 자기 가까이 있는 줄 모를 것이라고 말했다. 하지만 지금까지처럼 계속 동생의 존재를 숨기자니 그동안 해온 동생에 대한 온갖 거짓말이 꼬여서 더는 감당하기가 힘들어졌다고 고백했다.

진설이 말했다.

"영화 〈원더〉에서 주인공의 누나는 남자친구에게 동생을 자연스럽게 소개해요. 그만큼 남자친구는 자신에게 소중한 사람이니까요. 적어도 오래 볼 것 같은 친구에게는 한번 말해보는 게 어때요? 한 번도 시도해보지 않았으니 어떤 결과가 나올지 모르는 거잖아요. 지금까지 이 문제로 고민을 많이 한 것 같은데, 한번 얘기해봐요. 어쩌면 해결될 수도 있지 않을까요?"

인정하기 싫었지만 맞는 말이었다. 말했을 때의 결과가 두렵기는 하지만, 사실 직접 해 보기 전에는 어떤 결과가 나올지 아무도 모르는 일이었다. 어쩌면 소진은 그동안 주변에서 누군가 등 떠밀어주기를 기다려왔는지도 모른다. 소진은 영화모임을 계속 나가면서 천천히 마음의 준비를 하기 시작했다.

나 비밀이 있어

소진은 지금까지 연락하고 지내는 유일한 중학교 시절 친구인 지수에게 동생의 장애를 털어놓기로 결심했다. 우선 지수는 소진과 가정환경이 비슷하고, 성격도 비슷하고, 웃음 코드도 딱 맞았다. 그리고 생각이 깊고 마음이 열려 있는 친구다. 다만 지수도 다른 친구들과 마찬가지로 지금까지 살아오면서 장애인을 만나본 적이 거의 없을 테고, 장애인에 대해 아는 것도 없을 것 같아서 그동안 말하기 싫었을 뿐이다. 무엇보다 지수는 소진의 동생에 대해 몰라도 둘이 친구로 지내는 데 아무 문제가 없었다.

그런데도 소진이 갑자기 동생의 장애를 밝히기로 결심한 데는 세 가지 이유가 있다. 우선 '나는'에 참가한 사람들 가운데 주변의 누구에게도 장애형제를 공개하지 않은 사람은 소진이 유일했다. 대부분이 적어도 친한 친구에게는 밝힌다는 것을 알고 소진은 충격을 받았다. '나만 이상한 건가? 그럼 친한 친구에게는 말해도 되는 건가?' 하는 생각에 모험을 해 보기로 한 것이다.

다음으로, 취업 준비에 관해 이야기를 나눌 때마다 지수가 소진과 두 살 차이인 동생의 근황을 궁금해했다. 매번 적당히 둘러댔지만, 어떤 때는 휴학 중이라고 했다가 어떤 때는 재학 중이라고 하는 등 온갖 거짓말이 꼬여 모순투성이인 동생을 만들어내고야 말았다. 솔직히 지수는 눈치가 빠른 친구여서 이상한 낌새를 채고 더는 묻지 않을 줄 알았는데, 그렇지 않았다. 그래서 차라리 속 시원히 털어놓고 질문을 원천봉쇄하기로 한 것이다.

마지막으로, 기왕에 지수에게 밝힐 거라면 직접 만나서 말하고 싶은데, 마침 소진의 가족이 대구로 이사를 하게 되었다. 소진은 이사 전에 미션을 끝내기 위하여 서둘러 지수와 약속을 잡았다.

1차 시도는 좌식 룸카페로 장소를 골랐다. 유명한 룸카페를 찾아가 둘이서 편안하게 누운 자세로 몇 시간 동안 떠들었고, 프라이버시도 보장됐지만 실패하고 말았다. 말하다 눈물이 나올 것만 같았다. 한번 터진 수도꼭지는 어떻게 주체할 수가 없는데, 그렇게 되면 지수도, 카페 직원도 많이 당황할 것 같았다.

2차 시도는 마음껏 울어도 되는 곳으로 정했다. 아예 숙소를 빌려서 1박으로 둘이서 편하게 놀기로 했다. 시간 많은 취준생 두 명은 온종일 여기저기를 돌아다니며 놀다가 저녁이 되어 드디어 숙소로 향했다. 숙소에 가까워질수록 소진은 마치 아무 준비 없이 시험을 보러 가는 사람처럼 긴장했고, 거부감까지 느꼈다. 지수의 반응이 걱정되는 건 아니었다. 아마도 지수는 평소처럼 평온한 목소리로 '그렇구나' 하고 넘어갈 가능성이 컸다. 그걸 알면서도 왜 이렇게 떨리고 가슴이 답답할까. 소진은 자신을 응원해주던 영화모임 멤버들을 떠올리며 간신히 마음을 진정시켰다.

우선 편의점에서 사 온 과자와 가벼운 술을 늘어놓고 침대에 널브러져서 몇 시간 동안 수다를 떨었다. 취업 준비, 대학 생활, 부모님의 기대 등 온갖 주제가 나왔지만 도저히 동생 얘기를 꺼낼 타이밍을 잡을 수가 없었다. 그렇다고 여기서 시간을 더 끌면 졸려서 잠이 들어버릴 것만 같아 소진은 몸을 벌떡 일으켰다.

"나 할 말이 있어."

소진은 마치 통보하듯 이렇게 말하고는 화장실로 도망치고 말았다. 지수도 분위기가 심상치 않다고 느꼈는지 소진을 부르지도 않고 조용히 기다렸다.

소진은 머리가 터질 것만 같았다. 이 상황에서 도망치고 싶었다. 전혀 로맨틱한 상황이 아닌데도 프러포즈하는 사람의 심정을 알 것 같다는 생각이 들기까지 했다.

소진은 은은한 화장실 조명 아래 앉아 골똘히 생각했다.

'어떻게 말해야 하지? 정확히 뭐라고 설명해야 할까? 아, 이럴 줄 알았으면 시뮬레이션이라도 한번 해 보고 오는 건데. 아닌가? 그게 더 이상한가? 내 얘기를 듣고 지수는 어떤 반응을 보일까? 얘기가 끝난 후에 분위기가 어색하면 어떡하지? 지수가 무례한 반응을 보일 것 같지는 않지만, 그래도 닥쳐보기 전까지는 모르는 거니까.'

생각이 꼬리에 꼬리를 물고 끝없이 이어졌다.

'지수한테는 자폐라고 말하는 것보다 발달장애라고 말하는 게 낫겠지? 자폐가 발달장애에 속한다는 걸 알려주어야 할 것 같아. 그럼 장애 등급도 말해야 하나? 지수는 잘 모르겠지만 그래도 말해주는 편이 좀 더 이해하기가 쉬우려나? 어쨌든 구구절절 말하는 것보다는 간결하게 말하는 게 더 나아. 그런데 말하다가 울면 어쩌지? 대화를 계속하기 어려워질 텐데. 그리고 어색한 분위기에서 내일 아침까지 함께 있어야 하잖아. 아, 그냥 다 관둬버릴까. 사실 지수가 꼭 알아야 할 일도 아닌데….'

하지만 그렇게 되면 앞으로 또 동생 이야기가 꼬이게 될 것이 분명했고, 게다가 곧 이사도 해야 했다. 시간이 별로 없다고 생각하니 어떻게든 이날 끝을 내야만 할 것 같았다. 소진은 쿵쾅거리는 심장 소리를 들으며 굳은 표정으로 방으로 돌아갔다.

"무슨 일인데 그래?"

지수가 호기심 반 불안 반인 목소리로 물었다.

소진은 말없이 침대에 누워 천장을 바라보았다. 얼굴을 보고 말하면 울음이 터져 나올 것만 같았기 때문이다. 소진은 최대한 담담하게, 마치 남의 얘기를 하는 것처럼, 그리고 목소리가 떨리지 않도록 한 마디 한 마디에 힘을 주며 말했다.

"우리 가족에 관한 얘기야."

지수가 놀라지 않게 먼저 배경 설명을 했다.

"내 동생은 발달장애가 있어. 자폐성 장애 2급이야. 말은 통하는데 일상생활을 혼자 하는 건 조금 힘들어해."

소진은 지수가 자신을 아주 똑바로 바라보는 걸 느꼈다. 어두워서 표정이 잘 보이지는 않았지만, 소진의 말을 끝까지 잘 듣겠다는 의지, 그리고 처음 듣는 주제에 대한 호기심도 전해졌다.

"내 동생이 군대도 가지 않고, 언제는 대학생이다가 언제는 갑자기 휴학생이 되고, 취업 준비도 하지 않고 부모님 따라서 선뜻 대구로 이사를 하는 이유가 이거였어."

그 뒤로 무슨 말을 했는지는 기억나지 않는다. 힘든 기억은 최대한 잊으려고 하는 법이니까. 그저 울지 않으려고 눈에 힘을 빡 주고 객관적으로 동생의 특징만 나열하려고 노력했다는 것 정도만 기억한다. 지수는 비장애형제가 아니어서 그 이상의 깊은 얘기는 할 수도 없었다.

"그랬구나. 말해줘서 고마워. 그래도 우리 변함없는 친구인 거지?"

지수가 약간 긴장한 얼굴로 물었다. 그리고 의외의 말을 덧붙였다.

"사실 내 다른 친구도 장애형제가 있어."

아, 그랬구나. 아까 지수가 보였던 묘한 호기심 어린 눈빛이 설명되는 순간이었다. 친한 친구 중에 비장애형제가 두 명이나 있다니, 그저 신기할 따름이었다. 정작 장애인 동생을 둔 소진의 주변에는 비장애형제인 친구가 단 한 명도 없는데 말이다.

지수가 말한 그 친구는 전에도 여러 번 이야기를 전해 들어서 소진도 어느 정도 아는 사람이었다. 늘 열심히 살고, 부모님께 손 한번 벌린 적 없고, 졸업하자마자 외국계 기업에 취업한 그야말로 엄친딸. 지수는 그 친구가 비장애형제임을 고백한 순간을 얘기해주었다.

"그 친구는 나랑 또 다른 친구랑 함께 술 마실 때 얘기했어. 갑자기 비장하게 이러더라고. '나 너희에게 말해줄 비밀이 하나 있어.' 무슨 비밀이기에 저러지? 싶어서 엄청나게 긴장했지. '남동생과 관련된 일'이라고 해서 '쟤가 원래는 외둥이인데 그동안 동생이 있다고 거짓말을 했었나?' 하는 생각까지 들었다니까. 근데 동생이 장애가 있대. 상상했던 것보다는 훨씬 평범한 일이었지."

소진은 소름이 돋았다. 몇 년 전 소진이 머릿속으로 상상했던 시나리오와 배경이며, 대사 하나까지 똑같았기 때문이다. 동생 얘기를 맨정신으로는 하기 어려우니까 적당히 취기가 오른 상태에서 내 목소리가 다른 테이블에 들리지 않을 만큼 시끌벅적한 장소를 골라 나의 '특급 비밀'을 조심스레 고백하는 시나리오. 만약 몇 년만 더 일찍 말하겠다고 결심했다면 정말 똑같은 상황이 벌어졌을 것이다. 평소 주변 사람들에게 자신에게 장애형제가 있다고 밝히지 않는 비장애형제는 다들 같은 생각을 하나 보다 싶었다.

그동안 비장애형제로서의 '나'에 대해 많이 생각해온 소진은 이날 장애형제가 있다는 건 비밀이 아니라 특징일 뿐이라는 걸 새삼 깨달았다. 그래서 원래 시나리오에 있던 '비밀'이라는 단어를 삭제한 후 지수에게 동생의 장애를 고백할 수 있었다.

지수의 이야기는 계속 됐다. 가만히 들어보니 아마도 그 친구는 자기 남동생에게 정확히 어떤 장애가 있는지는 말하지 않은 모양이었다. 그러나 지수가 그냥 '발달장애'로 기억하고 있는 것으로 보아 신체적 장애가 아닌 정신적 장애인 게 분명했다. 신체적 장애와 정신적 장애는 완전히 다르다. 이 구분이 소진에게는 매우 중요한 문제였다.

소진은 지수가 그 친구에 대해 이야기하는 걸 들으면서 그가 '나는'에서 말하는 '구조가 필요한 고양이'라는 걸 알 수 있었다. 어린 나이에 일찍 독립할 것을 요구하는 가정환경과 자신이 처한 상황을 '비밀'로 인지하는 모습까지 여느 비장애형제와 똑같았다. 그도 소진처럼 다른 비장애형제와 만나 함께 이야기한다면 많이 편안해질 것 같았다.

그사이 조금 긴장이 풀린 소진은 지수에게 적극적으로 '나는'을 홍보했다. 그만큼 지수의 친구가 꼭 '나는' 모임에 나왔으면 하는 마음이 컸다. 어찌나 열성적으로 말했는지 '이 모임에 나오면 마음이 가벼워진다'라고 말하는 자신이 마치 무슨 사이비 종교 집단의 회원인 것만 같은 느낌이 드는 건 어쩔 수 없었다.

한편으로 소진은 조금 서운한 마음이 들기도 했다. '오늘은 내가 큰맘 먹고 얘기하는 날이니까 그 친구 얘기는 그만하고 내 얘기를 좀 더 들어줬으면….' 하는 마음이 자꾸 드는 걸 어쩔 수 없었다. 이날 소진은 지수에게 단순히 자신에게 장애형제가 있다는 사실만 알리려고 한 게 아니었다. 그동안 자신이 어떻게 살아왔는지, 어떻게 동생의 존재를 숨겨왔는지, 동생과의 관계는 어떤지 등등 자잘한 얘기도 나누고 싶었다. 물론 지수 나름대로는 '나는 네가 한 얘기에 놀라지 않았어. 나도 너와의 연결고리가 있어.'라는 마음을 전달하기 위해서 그 친구의 얘기를 계속하는 것 같았지만.

또 소진은 지수가 자신의 고백을 듣고 '생각보다는 평범한 일이네'라는 반응을 보인 것도 좀 섭섭했다. 소진 딴에는 큰 결심을 하고 말했는데, 상대방이 그걸 '평범'하고 '별거 아닌 일'이라고 반응하니까 조금 힘이 빠졌다. 물론 그런 반응도 지수 나름의 배려인 듯했지만, 소진에게 동생의 장애는 자신의 인생 전체를 좌지우지하는 일이었다. 절대로 평범한 일일 수 없기에 누군가 그런 반응을 보이는 게 싫었다.

다음 날 아침, 지수와 소진은 아무 일도 없었던 것처럼 일어나 남은 일정을 마무리했다.

　　　　　　　　　　소진은 결국 털어놓길 잘했다고 생각했다. 하지만 의외로 마음이 시원하지 않았다. 그저 앞으로 동생 얘기를 할 때 설정이 꼬일 일은 없겠구나, 하는 정도? 그냥 아주 부담스러운 발표 과제를 하나 해치운 느낌이었다. 소진은 그래도 지수에게 자신처럼 장애인 형제를 둔 사람들을 지칭하는 '비장애형제'라는 말이 있음을 알렸다는 것, 그리고 자신이 나만의 '컴포트존'에서 벗어나는 도전을 감행했다는 것, 이 두 가지에 의미를 두기로 했다.

지수에게 동생의 장애를 밝히는 데 성공한 뒤로 소진은 자연스럽게 다음 목표를 생각하게 됐다. 제일 먼저 떠오른 건 고등학교 친구들. 하지만 지수와 달리 고등학교 친구들은 서로 연결되어 있다. 그래서 얘기할 거면 한 명이 아닌 여러 명에게 동시에 털어놓아야 한다. 또 고등학교 동창 사이에서 내 얘기가 오갈 것도 각오해야 한다. 본래 나쁜 소식은 빨리 퍼지는 법이니까. 그 상황을 감당할 수 있을까? 그것도 한 명도 아니고 여러 명을? 친구들의 입을 믿지 않는다기보다는 사람 수가 많아서 더 걱정되었다. 소진은 결국 고등학교 친구들에게 동생의 장애를 공개하는 건 일단 보류하기로 했다.

다음 후보는 대학교 특수교육과 친구들이었다. 특수교사가 되고 싶어 하는 사람들이기도 하고, 또 꼭 그렇지 않더라도 비전공자보다는 장애인을 접해본 경험이 많을 테니 충격을 덜 받을 것 같았다. 하지만 특수교육과 친구 중에는 은근히 비장애형제가 많다. 어렵게 말을 꺼냈는데 '너도 그랬구나.', '어쩐지.' 하는 싱거운 반응이 돌아올 가능성이 꽤 있었다. 그렇게 된다면 공개를 하든 안 하든 별 차이가 없을 것 같아서 소진은 이것도 보류하기로 했다. 남들이 어떻게 생각할지 모르겠지만, 자기 딴에는 큰 결심을 하고 이야기했는데 시큰둥한 반응이 돌아오는 게 싫었다.

소진은 여전히 다른 사람에게 동생의 장애를 밝히지 않는다. 하지만 달라진 것은 분명 있다. 바로 소진에게 동생의 장애가 더는 '특급 비밀'이 아니게 되었다는 것, 그리고 자신이 원한다면 언제든 털어놓아도 되는 이야기가 되었다는 것이다. 앞으로도 소진은 조금 느리더라도 천천히 자신의 생각을 정리해나갈 것이다. 그리고 그런 소진의 옆에 늘 '나는'이 함께할 것이다.

우리가 처음
가족이 된 날

따스한 햇볕이 노랗게 물든 은행잎을 반짝이며 비추는 어느 가을날이었다. 아버지가 운전하는 차 뒷좌석에 앉아 가만히 창밖을 바라보던 해수는 휴- 하고 한숨을 내쉬고는 창을 내려 바깥 공기를 들이마셨다. 평소라면 차에 타자마자 잠이 들었겠지만, 오늘은 오랜만에 화장하고 차려입은 원피스가 불편해서인지 정신이 말똥말똥했다. 운전 중인 아빠와 조수석의 엄마, 옆자리에 앉은 동생 현수도 말없이 생각에 잠겨 있었다. 해수는 왠지 어색해서 휴대폰을 만지작거리다 검색창을 열었다.

[상견례 예절] 검색 결과 :

상견례 자리에서는 음식을 먹을 때 소리 내거나 게걸스럽게 먹지 않아야 합니다. 어른들이 대화하는 동안 끼어들지 말고 경청하며 예의를 지켜야 합니다.

상견례 꿀팁! 상견례는 양가 부모님과 처음 대면하는 자리인 만큼
좋은 인상을 주기 위해 서로 조심하고 노력해야 합니다!

아휴, 해수는 자기도 모르게 또 한숨을 쉬었다. 현수가
음식을 소리 내지 않고 점잖게 먹는 건 불가능에 가까웠다.
배가 부르건 말건 접시가 바닥을 드러낼 때까지 먹어 치우
려고 들 것이기 때문이다. '대화 도중에 끼어들지 않기'도
어려운 과제다. 현수는 뭔가 생각나는 게 있을 때마다 아무
때고 불쑥 끼어들 게 분명하니까. 상견례 자리에서는 예의
를 차려야 한다는 간단한 명제가 해수에게는 넘을 수 없는
벽처럼 느껴졌다.

잠시 고민하던 해수가 이번에는 키워드를 바꿔서 검색
창에 입력했다.

[상견례 장애] 검색 결과 :

… 상견례 장소를 잡아야 하는데 결정장애가 왔어요. ㅠㅠ …

… 오래 만나 왔고 상견례까지 앞둔 사이인데, 남자친구가 너무
화를 못 참아요. 분노조절장애일까요? …

몇 건의 블로그 글을 훑어보던 해수는 미간을 확 찌푸렸
다. 우유부단하거나 화를 참지 못한다고 하면 될 것을 굳이
결정장애나 분노조절장애라고 말해야 할까. 다른 사람들

은 예민하다고 생각할지 몰라도, 장애인을 가족으로 둔 해수 입장에서는 민감하게 반응할 수밖에 없는 주제였다.

해수는 고개를 절레절레하며 한번 더 검색어를 고쳤다.

[상견례 장애형제] 검색 결과 :

… 장애아를 키우는 부모입니다. 친동생이 상견례를 하는데, 조카에게 장애가 있다는 걸 꼭 밝혀야 할까요?….

… 장애를 극복하고 결혼에 성공한 두 사람. 상견례 자리에서 부모는 물론 형제들까지 반대했지만….

해수는 살짝 마음이 초조해졌다. 아니, 왜 비장애형제가 본인의 경험을 직접 쓴 글은 없지? 분명히 나처럼 상견례를 앞두고 고민한 비장애형제가 있을 텐데. 그 경험을 글로 써서 올릴 법도 한데…. 무사히 상견례를 마치고 결혼에 성공해서 잘살고 있다는 해피엔딩이 아니어도 좋았다. 상견례 자리에서 어떤 해프닝이 있을 수 있는지 정도만 알아도 마음이 좀 놓일 것 같았다.

좀 더 빠르게 화면을 스크롤하며 검색 결과를 훑어보던 중 누군가 포스팅한 글 하나가 눈에 들어왔다.

제목: 오빠 때문에 파혼했어요

저희 오빠는 장애가 있어요. 남자친구에게는 미리 이야기했는데,

상견례 자리에서 남자친구 부모님이 오빠를 보시더니 장애인과
한 가족이 될 수 없다고 파혼하자고 하시네요….

쿵, 하고 가슴에 돌덩이가 떨어졌다.

'정말로 이런 일로 파혼하는 사람이 있구나. 나도 그렇
게 되면 어떡하지? 남자친구 부모님은 그럴 분들이 아닌
것 같기는 한데, 그래도 혹시라도 파혼하자고 하면? 아, 역
시 이런 건 찾아보는 게 아니었어….'

부정적인 생각이 꼬리에 꼬리를 물면서 불안감이 눈덩
이처럼 불어났다. 해수는 짧게 심호흡한 뒤 휴대폰 전원을
꺼버리고는 손가방에 넣었다.

'잠시라도 눈 좀 붙이자. 이제 한 시간도 남지 않았어.'

해수는 자신을 달래며 애써 눈을 감았다.

'좋은 누나'가 되어야 해

동생 현수가 자폐성 장애 진단을 받은 건 현수가 세 살,
해수가 일곱 살 때의 일이다. 현수는 돌이 지나도록 말을
하지 않았다. 첫 아이인 해수에 비해서 말이 많이 늦었지
만, 부모님은 그저 입이 늦게 트이나 보다, 하며 기다렸다
고 한다. 여자아이보다 남자아이가 언어 발달이 느리다고

하니 조급해하지 않기로 했단다. 구석에서 조용히 장난감을 갖고 노는 데만 골몰하는 것도, 별다른 의사 표현이 없는 것도 그저 성격이 차분한 것으로 생각했다. 하지만 아무리 시간이 지나도 현수는 눈을 마주치지 않았고 불러도 대답이 없었다. 무엇보다 기분이 나쁘면 소리 지르며 바닥에 누워 머리를 쿵쿵 박는 행동이 시작되었다. 그제야 부모님은 부랴부랴 병원을 찾았다.

해수에게 그 무렵의 기억은 많지 않다. 현수가 언어 치료며 놀이 치료를 다니는 동안 병원 대기실에서 만화를 읽거나, 현수가 치료실에서 했던 놀이를 집에서 같이 했던 기억 정도가 전부다. 그때 해수는 아이였고, 동생의 장애에 대해 누구 하나 제대로 설명해주는 사람도 없었다. 그래도 두 가지는 분명해 보였다. 첫 번째는 현수에게 뭔가 '말할 수 없는 문제'가 있다는 것. 그게 뭔지는 몰라도 어른들이 쉬쉬하는 것으로 보아 부끄러운 일일 것이라고 해수는 짐작했다. 두 번째는 자신의 역할이 그런 동생을 돌보고 챙겨주는 누나라는 것. 해수는 '엄마가 없을 때는 내가 현수의 엄마'라고 초등학교 1학년 때 일기장에 적었다. 진짜 자기가 엄마인 것처럼 혼내기도 하고 가르치기도 하면서 현수를 돌봤다. 현수를 다그치고 달래는 것이 일상이었다. 부모님의 말씀보다 자신의 말을 더 잘 듣는 현수를 보며 내심 뿌듯해하기도 했다. 무엇보다도 어른들이 '의젓하다', '다

컸다', '좋은 누나다'라고 하며 해수를 칭찬해주었다. 그렇게 시간이 흐르면서 '좋은 누나가 되어야 한다'라는 한마디는 해수의 아주 굳건한 일부가 되었다.

하지만 현수가 초등학교에 입학하면서 '좋은 누나' 역할에 균열이 생기기 시작했다. 현수를 데리고 함께 등하교를 하게 되면서 해수가 수행해야 할 '좋은 누나' 역할이 더 커졌다. 매일 아침 현수의 손을 잡고 학교에 가야 했고, 학교에 도착해서는 현수가 실내화를 잘 신고 교실에 들어가는지 확인해야 했으며, 수업이 끝나면 현수의 교실에 들러 현수를 데리고 집에 와야 했다. 현수를 이상하게 바라보는 사람들의 시선을 감당하는 것도 해수의 몫이었다.

하루는 현수를 데리러 갔더니 현수 담임 선생님이 한숨을 쉬며 말했다.

"너희 동생은 대체 왜 그러니?"

해수도 현수가 왜 그러는지는 잘 몰랐지만, 일단은 머리를 조아리며 죄송합니다, 하고 사과했다. 집에 돌아와 엄마에게 그 이야기를 전하자 엄마의 눈 밑이 움찔거렸다.

어느 순간부터 해수는 다른 사람의 눈초리가 신경 쓰이기 시작했다. 어릴 때부터 친했던 동네의 또래 친구들은 현수를 그저 '도움의 손길이 좀 더 필요한 아이' 정도로 자연스럽게 받아들였다. 현수가 놀이에 끼어들기 어려워하긴 했지만, 해수가 현수에 대해 뭔가 설명할 필요는 전혀 없었다(사실은 엄마가 뒤에서 현수가 친구들과 잘 어울릴 수 있도록 부단히 노력했다는 것을 훨씬 뒤에 알았다). 하지만 초등학교 고학년이 되면서 새롭게 만난 친구들은 달랐다. 친구 사귀기가 지상 최대의 과제인 시기에 동생의 장애를 입 밖으로 꺼낸다는 게 쉽지 않았다. 그래서 해수는 친구들 사이에서 형제자매 이야기가 나오면 최대한 입을 닫거나 대충 둘러대며 상황을 모면하곤 했다.

그 무렵 부모님이 맞벌이를 시작하면서 해수의 집은 아지트가 되었다. 친구들은 학교가 끝나고 학원에 가기 전까지 짧은 두세 시간 동안 해수의 집에 모여 만화책을 보거나 라면을 끓여 먹었다. 그때마다 해수는 현수를 방에 밀어 넣었고, 현수가 친구들이 모여 있는 방을 기웃거리기라도 하면 불같이 화를 내며 혼냈다. 그러면 친구들은 의아한 표정으로 현수를 바라보았고, 해수는 어쩔 수 없이 몇 번쯤은 대충 둘러대다가 결국 '내 동생이 왜 그런지'를 더듬더듬 설명해야 했다.

"내 동생이 좀 아파. 막 아픈 건 아니고…, 마음이 좀 아파서…"

자신도 정확히 이해하지 못하는 동생의 장애를 한 글자 한 글자 입 밖으로 낼 때마다 얼굴이 확 달아올랐다. 그때 해수의 마음속에서 어떤 목소리가 속삭였다.

'현수가 없다면 어땠을까? 현수가 없어진다면 어떨까?'

순간 해수는 소스라치게 놀랐다. 이런 생각을 한다는 것 자체가 불경하게 느껴졌고, 이러면서 겉으로는 '좋은 누나' 역할을 하려고 하는 자신이 가증스러웠다.

더 괴로운 건 자책하는 일이 많아질수록 해수의 마음속에서 또 다른 목소리가 계속 생겨났다는 것이다. 나에게도 '정상적인' 동생이 있었다면…. 현수에게 장애가 없었다면…. 우리 가족이 평범하다면…. 집에 친구들이 놀러 오거나, 가족이 함께 외식하거나, 현수와 같이 외출할 때마다 그 목소리는 점점 커졌다. 해수는 죄책감에 휩싸였다.

'누나가 되어서 동생을 부끄러워하다니, 나는 진짜 못된 사람인 걸까? 내 동생도 사랑할 수 없는데, 이런 내가 과연 다른 누군가를 소중하게 여길 수 있을까?'

해수는 이런 고민을 누구에게도 털어놓을 수 없었다. 부모님은 당연히 안 되고, 친구들한테 이야기하면 자신을 이해하기는커녕 오히려 경멸할 것만 같았다. 결국 중학교에 올라가면서 해수는 현수를 외면하기 시작했다. 마침 학업에 전념할 시기여서 가족과도 자연스럽게 거리를 둘 수 있었다. 입시라는 명분이 있었기에 온종일 학교와 학원에서 시간을 보냈고, 부모님이나 현수를 볼 수 있는 시간은 주말 정도밖에 없었다. 그렇게 마음의 거리가 조금씩 멀어지면서 자연히 현수를 잊고 사는 날도 많아졌다.

내가 잘해야 해

대학에 입학한 해수의 마음에는 가족을 위한 공간이 많지 않았다. 아니, 집은 없는 것이나 다름없었다. 몇 시에 수업이 끝나든 해수는 저녁 늦은 시간까지 학교 안 어딘가를 헤매고 다녔다. 도서관에 틀어박혀 책을 읽거나, 동아리방에서 친구들과 보드게임을 하거나, 학교 앞 호프집에서 술을 마시면서 집에 가야 한다는 사실을 잊고 싶어 했다.

캠퍼스의 본관 건물 앞 벤치는 해수가 제일 좋아하는 공간이었다. 벤치에 앉아 볕을 쬐고 있자면 그대로 풍경 속으로 녹아들어 그 누구와도 상관없는 사람이 될 것 같았다. 공기 중으로 사라져 어디로든 갈 수 있을 것만 같은 위태로운 자유로움이 좋았다.

집과 거리를 두면서 자연히 엄마와 다투는 일이 잦아졌다. 시작은 통금 시간이었다. 엄마는 해수가 적어도 밤 9시까지는 집에 들어오기를 바랐고, 해수는 중·고등학교 때에도 학원이나 야간 자율 학습으로 밤 12시 이전에 귀가해본 적이 없는데 이제 와서 무슨 말이냐며 펄쩍 뛰었다.

엄마는 또 해수의 대학 생활에 대해서도 하고 싶은 말이 많았다. 왜 그렇게 밖으로만 나도는 거냐, 술은 또 왜 이렇게 많이 마시냐, 자기관리는 하는 거냐…. 모두 딸을 걱정해서 하는 말이고 부모가 흔히 하는 잔소리지만, 20대 초반의 해수는 그저 부당하게만 느꼈다. 성인이 된 자신의 생활을 간섭하고 통제하려는 부모님이 버거울 뿐이었다.

그러면서도 해수는 무서웠다. 엄마가 화를 내거나 자신에게 실망할 때마다 마음이 얼어붙는 것 같았다. 갑자기 이 세상이 사라지고 자신이 기댈 곳은 아무 데도 없는 것처럼 느껴졌다. 엄마를 거스르는 말이나 행동은 가능한 한 하고 싶지 않았다. 엄마 말이 맞지, 엄마 말을 들어야지, 내가 잘못했지, 하면서 순응하고 싶었다. 하지만 그러다가도 엄마가 자신을 통제한다는 느낌이 들면 '침해당한다'라는 생각에 또 불쑥 화가 났다. 그런 날이면 해수는 전화로든 메신저로든 엄마와 언쟁을 벌였다.

"내 사생활에 간섭하지 마."

"이게 무슨 간섭이야?"

"참견하고 잔소리하는 것 자체가 간섭이지."

"엄마가 딸한테 이 정도 이야기도 못 해?"

이 답 없는 싸움은 보통 해수가 알겠다, 죄송하다, 앞으로 잘하겠다고 마음에도 없는 약속을 하고서야 일단락이 났다. 그러다 엄마와 또 입씨름하던 어느 날, 해수는 자기도 모르게 이런 말을 툭 내뱉고 말았다.

"이제 와서 나한테 왜 이래? 엄마가 나한테 해준 게 뭐가 있어? 나한테 현수만큼 관심을 준 적이 있기나 해?"

헉, 해수는 자기도 모르게 숨을 멈췄다. 자신이 이런 생각을 하고 있다는 게 너무나 당황스러웠다.

'내가 왜 이런 말을 하는 거지? 십 대 사춘기 소녀도 아
니고 말야. 나는 멀쩡히 잘 자랐고, 지금까지 잘해왔는데.
게다가 엄마가 얼마나 고생했는데. 그걸 알면서 이게 내가
할 말인가?'

당혹감을 추스르고 엄마를 바라보자, 말문을 잃은 엄마
의 표정이 해수의 눈에 한가득 들어왔다. 엄마를 상처 입혔
다는 생각에 가슴 깊은 곳이 찌르는 듯이 아팠다.

"미안해, 이런 말을 하려고 했던 게 아닌데…"

해수는 재빨리 엄마에게 사과했고, 다시는 이런 생각을
품지 않겠다고 속으로 다짐했다.

정우를 만난 게 그즈음이었
다. 몇 학년 위 선배였던 정우는 재치 있고 총명했으며, 무
엇보다도 약자를 함부로 대하지 않는 사람이었다. 해수는
어릴 때부터 다른 사람의 사소한 행동을 주의 깊게 보는
버릇이 있었다. 식당에서 종업원을 하대하지는 않는지, 농
담으로라도 누군가의 타고난 성향이나 특성을 비하하지는
않는지, 길에서 특이한 사람을 마주치면 인상을 찌푸리지
는 않는지…. 이 모두가 언젠가는 현수가 세상에 나갔을 때
어떤 사람을 마주하고 어떤 상황에 부딪히게 될지를 상상
하게 하는 것이었다. 그래서 이 기준을 넘지 못하는 사람이

라면 도저히 친구로도 애인으로도 받아들일 수가 없었다. 정우는 후배를 잘 챙겼고, 유난히 사회성이 부족하거나 겉도는 친구에게도 서슴없이 말을 붙이는 선배였다. 해수는 그런 정우가 꽤 마음에 들었다.

한 학기를 같이 보내면서 해수와 정우는 점점 친해져 이런저런 고민 상담도 하는 사이가 되었다. 하지만 현수에 대해서만큼은 쉽게 이야기할 수 없었다. 대학 생활을 시작하면서 가까운 친구 한두 명에게 현수 이야기를 꺼내기 시작할 즈음이었다. 그때 해수는 친구들에게 '내 동생에게 장애가 있다'는 말을 뉘앙스까지 조심해서 전달하려고 애를 썼다. 괜히 극적인 척, 동생이 장애인이어서 내 삶이 비극인 척하고 싶지 않았다. 그렇다고 별일 아니라는 투로 가볍게 말하고 싶지도 않았다. 다른 사람들이 자기 형제에 관해 이야기하는 딱 그 정도로만 자연스럽게 말하고 싶었다.

당연히 해수 입장에서는 듣는 쪽의 반응도 중요했다. 괜한 동정의 시선을 받고 싶지 않았다. 그런데 몇몇 친구로부터 '안됐다'라는 둥(우리는 잘살고 있는데 뭐가 안됐다는 거지?), '대단하다'라는 둥(이렇게 태어난 것뿐인데 뭐가 대단하지?) 하는 반응이 돌아온 뒤로 해수는 현수에 관해 이야기하는 것이 더 조심스러워졌다.

어두운 호프집 한구석에서 정우와 마주 앉아 생맥주를 들이키던 어느 날이었다. 그날도 어김없이 엄마와 메신저로 한바탕 말다툼을 하고 정우에게 긴 하소연을 늘어놓던 중이었다. 가만히 듣고 있던 정우가 불쑥 물었다.

"해수야, 사실 난 20대 초반에 엄마와 싸우는 건 흔한 일이라고 생각해. 성인이 되면서 가족으로부터 정신적으로 독립하는 과정에서 부모님과 말다툼하는 일 정도야 얼마든지 있을 수 있지. 그런데 너는 유난히 엄마한테서 벗어나지 못하는 것 같아. 왜 그러는 거야?"

정우의 질문에 해수가 반사적으로 툭 내뱉듯 말했다.

"선배, 나는 장애인 동생이 있어. 동생이 자폐인이야."

정우는 깜짝 놀란 표정을 지었다.

"아…, 그래, 그렇구나. 그래서?"

정우가 잘 이해되지 않는다는 표정으로 한 번 더 물었다. 해수는 무슨 말을 해도 찰떡같이 알아듣던 정우가 왜 이걸 이해하지 못하는지 답답해하며 다시 말했다.

"내 동생이 장애인이라니까. 그래서 내가 잘해야 해."

"그래, 그런데 동생에게 장애가 있는 거랑 엄마로부터 독립하지 못하는 게 무슨 상관인데?"

해수는 머리를 한 대 맞은 것 같은 충격을 받았다. 듣고 보니 자신이 생각해도 뭔가 앞뒤가 맞지 않았다. 당황한 나머지 해수는 횡설수설하기 시작했다.

"아니, 동생이 아프니까 내가 더 잘해야지. 착한 딸, 좋은 누나. 그게 내 역할이란 말이야. 그래서…"

해수는 순간 말문이 턱 막혔다. 그러게. 내가 지금 무슨 말을 하고 있는 거지? 동생에게 장애가 있으니 나는 가족으로부터 떠날 수 없다고 말하는 건가? 내가 현수를 핑계 삼고 있나? 부모님에게 좋은 딸, 현수에게 좋은 누나인 게 정말 나의 전부인가?

해수의 눈에 눈물이 차올랐다. 지금까지 당연하다고 믿어왔던 세계가 조용히 무너지는 소리가 들렸다. 정우는 그런 해수의 어깨를 말없이 토닥였다. 이 일이 있고 얼마 지나지 않아 해수는 정우와 정식으로 사귀기 시작했다.

결혼, 잘할 수 있을까?

그 후로 십 년이 다 되도록 정우와 해수는 사이좋은 연인으로 지냈다. 연애 기간이 5년을 넘어갈 때쯤 농담처럼 어느 해에는 결혼하자고 약속했는데, 막상 그 해가 다 되도록 해수는 선뜻 결혼 이야기를 꺼내지 못하고 있었다. 상견례 때문이었다. 상견례가 무서워 결혼하자는 말을 못 하다니 자신이 생각해도 참 우스운 일이었다.

사실 동생 현수는 경증 자폐성 장애여서 통합교육으로 고등학교를 마치고 대학에도 진학했다. 지금은 회사에 다니며 사회생활도 하고 있다. 고기능 자폐인이어서 얼핏 비장애인과 다른 점이 없어 보이지만, 조금만 같이 있어 보면 뭔가 다르다는 것을 바로 알아챌 수 있다. 대화 주제와 상관없이 불쑥 끼어들어 자기가 하고 싶은 말을 늘어놓는다거나, 상황에 맞지 않게 큰 소리로 말한다거나, 한 문장을 말하는 동안에 헛기침을 서너 번씩 한다거나…. 딱히 남에게 해가 되는 행동은 아니고 어떻게 보면 귀엽다고도 할 수도 있는 행동이지만, 현수를 처음 만나는 사람들은 하나같이 당황했다. 현수가 허공에 대고 큰 소리로 몇 마디를 던지기라도 하면 그 순간 짧게 적막이 흐르고 사람들은 해수를 바라봤다. 그 눈빛에는 말로 표현하지 않아도 전해져 오는 의미가 있었다.

'얘 왜 이래요? 당신이 보호자니까 어떻게 좀 해 봐요.'

그때마다 해수는 변명하고 설명했다.

"예전에 비슷한 일이 있었는데 아마 그때 일이 생각났나 봐요."

"자기가 좋아하고 관심이 많은 거라서 그런가 봐요."

그리고 현수에게도 상황을 설명하고 이해시켜야 했다.

"현수야, 지금은 이런 상황이니까 그 이야기는 나중에 하도록 하자."

"지금 그 표현은 적절하지 않아. 너도 원래는 이렇게 말하려고 했던 거지?"

해수는 어떤 면에서 현수와 세상을 연결해주는 해설자

였다. 그 역할을 잘 해낼 수 있다는 자신감도 어느 정도 있었다. 현수가 이해할 수 있도록 쉽게 전달하는 요령을 터득하고 있었고, 양쪽 모두 기분 나쁘지 않게 받아들일 수 있게 적절한 말을 고르는 순발력도 가지고 있었다.

하지만 상견례 자리만큼은 도무지 답이 떠오르지 않았다. '안녕하세요!' 하고 큰 소리로 인사하는 현수와 당황하는 정우 부모님의 얼굴이 떠오르고, 그 상황에서 머리를 도르륵 도르륵 굴리고 있을 자신의 모습이 눈앞에 선하게 그려졌다.

가장 두려운 건 정우 부모님의 반응이었다. 혹시라도 현수를 이상하게 생각하면 어떻게 해야 할까? 현수의 장애만 보고 해수의 가족을 판단한다면? 정우 부모님의 어색해하는 눈빛을 상상하는 것만으로도 가슴에 얼음이 날아와 박히는 것 같이 쓰라렸다. 혹시 앞으로 현수에 대한 계획을 물어보시면 어쩌지? 지금은 별다른 계획이 없지만, 부모님이 돌아가신 뒤에는 해수가 현수를 책임져야 할 것이다. 현수를 돌보며 살아가는 것이 아들의 미래가 될 것이라고 해도 결혼을 흔쾌히 승낙하실까?

이런 고민이 조금도 덜어지지 않은 채로 시간은 흘러 어느덧 태양이 뜨겁게 타오르는 여름이 왔다. 휴가로 떠난 바닷가에서 정우가 프러포즈했다. 우리 올해 결혼하기로 했잖아, 하며 수줍은 미소와 함께 반지를 건넸다. 해수는 정우의 손을 잡으며 방긋 웃었다. 먼저 손을 내밀어준 정우의 마음이 고마웠다. 그래, 결혼 까짓거, 하면 되지.

막상 결심하고 나니 해야 할 일은 많고 시간은 부족했다. 해수와 정우는 회사 일로 바쁜 와중에도 퇴근 후 매일같이 만나 머리를 맞대기 시작했다.

"결혼 날짜도 잡아야 하고, 살 집도 구해야 하고, 부모님께 인사도 드려야 하고…. 아, 상견례…. 상견례는 언제 하지?"

해수는 괴로운 듯 머리를 붙잡고 잠시 생각하다가 고개를 들고 조심스럽게 이야기를 꺼냈다.

"정우야, 부모님께 현수 이야기는 말씀드렸어?"

정우는 프러포즈하기 훨씬 전에 부모님께 해수의 동생에게 자폐성 장애가 있다는 사실을 일러두었다고 했다. 정우의 부모님은 곧바로 물었다고 한다.

"그럼 해수 동생이 '자폐아'인 거야?"

"응, 대학교 졸업하고 지금은 직장 다니고 있대."

"에이, 그럼 더 바랄 게 없네."

정우의 부모님은 두 분 모두 교사였고 특수학급을 담당한 경험도 있었다. 현수가 통합교육을 받았다고 하니 자신들이 아는 특수학급 학생과 비슷한 정도일 것이라 짐작하신 듯했다. 별다른 반응을 보이지 않는 부모님을 보며 정우는 해수가 걱정이 너무 많다고 생각했다.

"우리 부모님 두 분 다 특수반 담임도 해 보셨어. 아마 특수반 학생 중에서 지금까지 연락하는 애도 있을걸. 너무 걱정하지 마."

'정우야, 교사로 장애인을 만나는 것과 장애인의 가족이 되는 건 완전히 다른 문제야. 너희 부모님도 어떻게 생각하실지 모른다고.' 해수는 목구멍까지 차오른 말을 삼키며 커피잔만 매만졌다. 정우도, 정우의 부모님도 다 괜찮다고 하는데 자신만 걱정하는 것 같기도 하고, 계속 이러면 자신이 정우의 부모님을 부정적으로 본다는 인상을 줄 것 같았다.

그래도 누구에게든 이 고민을 털어놓고 조언을 얻고 싶은데…. 해수는 속으로 '나는' 모임이 있는 날이 얼마나 남았는지 가늠해보았다.

그즈음 '나는'의 멤버들은 새로운 프로그램을 준비하기 위해 잠시 활동을 쉬고 있었다. 몇 년 동안 '대나무숲 티타임'을 이끌어오면서 몇 가지 아쉬운 점을 발견하기도 했고, 무엇보다 해수를 비롯해 모임을 이끌어가는 멤버 모두 많이 지쳐 있었다. 소진이 모임을 끝내자마자 울음을 터뜨리던 그 날, 해수는 소진의 등을 토닥이며 이대로는 안 되겠다고 생각했다. 그래서 그동안 쭉 활동해온 태은과 진설, 미정까지 모두 잠시 휴식기를 가지고, 그 대신 좀 더 체계적인 프로그램을 만들기 위한 회의를 매주 열기로 했다.

"주말에 '나는' 멤버들을 만나면 이 이야기를 좀 해 봐야겠다."

"그래, 너 마음 편할 대로 해."

정우가 미소 지으며 말했다.

　　　　　　　　그 주말, 여느 때와 다름없이 '나는'의 멤버들이 늘 가는 단골 카페에 모였다. 해수는 자리에 앉자마자 이야기를 풀어놓았다.

"어떡하죠, 저 상견례가 너무 걱정돼요. 상견례를 무사히 마칠 수 있을까요?"

해수는 그동안 혼자 앓아온 걱정과 두려움을 두서없이 늘어놓았다. 태은이 살짝 미소를 지으며 "아, 장애가 경증이면 그런 고민이 있군요. 제 동생은 중증이어서 대화가 안 되니까 그런 고민을 해 본 적이 없거든요." 하고 운을 떼더니 이렇게 제안했다.

"너무 부담되고 걱정되면 그냥 부모님들만 모시고 상견례를 하는 건 어때요? 저희 언니도 형제들 없이 양가 부모님만 모시고 했거든요."

"음…, 그 방법을 저도 생각해봤는데요, 저는 현수를 빼놓고 저희끼리만 상견례를 하고 싶지는 않아요. 우리 가족과 상대방 가족이 만나는 자리니까, 현수도 제 동생으로서 그 자리에 함께 있게 하고 싶어요. 저는 그냥 다른 사람들처럼 평범하게 양가가 모두 만족할 식당이 어디일지, 어떤

주제로 이야기를 나누면 좋을지 정도까지만 고민할 수 있
으면 좋겠는데…”

　해수가 조금 울적한 표정으로 말끝을 흐렸다. 자신이 바
라는 건 그저 평범한 상견례, 평범한 가족, 평범한 삶인데,
그 평범함이 매번 멀게만 느껴졌다.

　“시부모님 되실 분들이 현수 씨에 대해 알고 계세요?”

　진설이 갑자기 생각난 듯 물었다.

　“네, 남자친구가 미리 말해뒀다고 하더라고요.”

　“잘됐네요. 왜 물어봤냐 하면, 저희 언니는 형부한테 오
빠에 대해서 아예 밝히지 않았거든요. 나중에 형부가 알고
나서 저희 아버지한테 그러더라고요. 가족의 병력을 밝히
지 않는 것도 혼인 취소 사유가 될 수 있다고. 시간이 꽤 흘
렀는데도 혼인 취소 사유가 된다는 말이 계속 기억에 남더
라고요.”

　해수는 진설의 표정을 슬쩍 살폈다. 지금이야 담담하게
이야기하지만, 내 형제의 존재가 법적으로 혼인을 취소할
이유가 될 수 있다는 말을 들었을 20대 초반의 진설을 생
각하니 조금 마음이 아팠다.

　“그런데요, 혹시 언니가 걱정이 많은 건 아닐까요? 지금
걱정하는 것만큼 큰일이 일어나지 않을 수도 있잖아요.”

　해수 옆자리에 앉아있던 미정이 밝은 목소리로 말했다.

　“그런가요?”

태은이 그럴 수도 있죠, 하고 미정의 의견에 동감을 표하며 말을 이었다.

"음…, 이건 너무 많이 불안할 때 제가 사용해보는 방법인데요, 상견례 당일에 일어날 수 있는 최악의 시나리오를 상상해보는 거예요. 그날 어떤 일이 벌어졌을 때 상견례가 최악의 상황으로 치달을 것 같아요?"

해수가 커피를 호로록 한 모금 마시고는 잠깐 생각에 잠겼다. 지금 나의 걱정과 두려움이 현실로 나타난다면 어떤 모습일까?

"음…, 현수가 돌발 행동을 하거나 부적절한 말을 해서 상대방 부모님을 당황하게 할 것 같아요. 지금 가장 크게 걱정하는 것도 바로 그 부분이고요."

"그건 뭐, 거의 백 퍼센트 일어날 일 아닐까요?"

미정이 단도직입적으로 말하자, 해수가 농담처럼 말을 받았다.

"음…, 적어도 현수를 보고 상대방 부모님이 크게 당황한 나머지 '이건 생각했던 것과는 너무 다르다', '이런 집에 우리 아들을 줄 수 없다' 하면서 결혼을 극구 반대하고, 결국 파혼한다…. 뭐, 이 정도는 되어야 한다는 거죠? 하하."

진설이 장난기 가득한 얼굴로 맞장구쳤다.

"오, 그 정도면 최악의 시나리오 맞네요. 파혼 엔딩."

미정이 시원하게 결론을 내렸다.

"그럼 상대 집안과 가치관이 맞지 않아서 파혼하는 건데 차라리 잘된 일 아닐까요? 아쉽고 속상하지만 애초에 맞지 않는 걸 설득해서 억지로 맞출 일은 아닌 것 같아요."

"그런데 이미 상대방 부모님께서 현수 씨의 존재를 알고도 별말씀이 없는 것으로 봐서는 최악의 시나리오대로 흘러갈 가능성이 극히 희박하다고 볼 수 있겠네요."

진설이 해수를 안심시키려는 듯 '극히 희박하다'에 강세를 주며 말했다.

해수는 자세를 고쳐 앉았다. 불안이 완전히 사라진 건 아니지만, 그간 자신을 괴롭혀온 고민 대부분이 사실은 일어나지 않을 일이라고 생각하자 마음이 좀 가벼워졌다.

"다들 감사해요. 이렇게 입 밖으로 꺼내놓고 나니까 별일 아닌 것처럼 느껴지네요. 막상 해 보면 진짜 별거 아닐 것 같아요."

해수가 배시시 웃자 다른 멤버들도 따라 웃었다. 카페 창문 너머로 따스한 햇볕이 들어와 네 사람을 감싸주었다.

잘하지 않아도 괜찮아

'제발…, 제발 오늘 무사히 넘어가게 해주세요.'

기도 아닌 기도를 올리는 사이 어느새 상견례 장소인 식당에 도착했다. 적당히 고급스러운 분위기의 중식당이었다. 정우가 방금 식당에 도착해서 자리에 앉았다고 연락을 해와서 해수와 가족들도 서둘러 식당 안으로 들어갔다.

예약해둔 방으로 들어가자 정우 아버지와 어머니, 정우가 자리에서 일어났다. 아버지들이 미소 띤 얼굴로 악수를 하고 어머니들이 어색하게 웃으며 높은 목소리로 인사를 나누던 그때였다.

"안녕하세요, 장인어른!"

현수가 큰 소리로 인사하며 정우 아버지에게 손을 내밀었다. 장인어른…? 해수의 등줄기로 식은땀이 흘러내렸다.

'아차, 미리 호칭을 알려줬어야 했는데, 왜 이 생각을 못했지? 아휴, 또 이상한 소리를 할 텐데 어떡하지. 방금 한 말실수는 어떻게 둘러대지?'

다행히 정우의 부모님이 먼저 웃음을 터트렸고, 곧 해수의 부모님이 따라 웃었다. 해수도 기계적으로 소리 높여 하하, 웃었지만 얼굴은 굳어 있었다. 해수처럼 굳은 얼굴로 입꼬리만 올리고 있던 엄마가 아직도 손 내민 자세로 서 있는 현수 앞을 살짝 막아서며 말했다.

"현수야, 너한테는 장인어른이 아니라 사돈어른이야."

"아, 네, 죄송합니다. 안녕하세요, 사돈어른!"

"그래, 나도 반갑다! 사돈총각!"

정우 아버지가 와하하 웃으며 현수가 내민 손을 꽉 잡았다. 해수는 속으로 한번 더 한숨을 내쉬었다. 정우가 어른들이 못 보는 사이 해수를 살짝 토닥인 뒤 부모님들을 자리로 모셨다. 가장 안쪽 자리부터 아버지와 어머니들, 그리고 해수와 정우가 마주 보고 앉았고, 현수는 자연스럽게 해수 옆자리에 앉았다. 해수는 자신이 현수와 엄마 사이에 자리한 게 어쩐지 운명 같아서 속으로 살짝 웃음이 나왔다.

"자, 일단 술부터 한잔하실까요? 사돈, 술 좋아하신다고 들었습니다."

"와, 술 좋죠!"

주문한 술과 음식이 나오자 어색했던 분위기가 조금씩 풀렸다. 오고 가는 술잔과 함께 요새 날씨가 어떻다, 하시는 일은 좀 어떠시냐, 하는 의례적인 인사말이 오갔다. 하지만 해수는 어른들이 나누는 이야기가 하나도 머릿속에 들어오지 않았다. 조금 전과 같은 일이 또 벌어질까 봐 현수의 일거수일투족에 신경을 곤두세우고 있었다.

'아, 한두 시간만 잘 넘어가면 되는데…. 안 되겠다. 최대한 현수가 말을 하지 않도록 그 방법을 써야겠다.'

해수는 큰 접시에 먹음직스럽게 나온 음식을 앞접시에 덜어 현수 앞에 놓아주기 시작했다.

"현수야, 이것도 먹어. 맛있어?"

해수는 현수의 앞접시에 음식이 떨어지기 무섭게 다음 음식을 덜어주었다. 현수가 덜어준 유린기 세 점을 다 먹고 입맛을 다시는 걸 보고 해수는 냉큼 앞접시를 집어 들고 고개를 들다가 정우와 눈이 마주쳤다.

'해수야, 대화에 참여 좀 해!'

정우의 눈짓에 해수가 퍼뜩 정신을 차리고 겨우 한 마디를 꺼냈다.

"정우 씨는 어릴 때 어떤 아이였나요? 어릴 때 사진 보니까 너무 귀엽더라고요."

"맞아, 어릴 때는 볼이 통통한 게 아주 사랑스러웠지."

이야기가 자연스럽게 정우의 어린 시절 에피소드로 이어지고, 이제 해수의 부모님이 해수의 초등학교 시절 이야기를 하려던 참이었다. 갑자기 현수가 "악!!!" 하고 크게 소리를 질렀다. 탕수육을 젓가락으로 집어 들다가 바지에 떨어트린 것이다. 한창 대화를 나누던 양가 부모님 모두 순간 말을 멈추고 현수 쪽으로 고개를 획 돌렸다.

"떨어트렸구나? 괜찮아, 괜찮아. 이걸로 닦으면 돼."

해수가 냅킨으로 재빠르게 현수의 바지를 닦아내자, 엄마가 손가방에서 물티슈를 꺼내 건넸고, 해수는 얼룩이 지지 않도록 다시 한번 물티슈로 현수의 바지를 닦았다. 미리 연습이라도 한 듯이 잽싼 협동 작전이었다. 사실 엄마도 정우 부모님과 대화하는 중에 신경은 온통 현수에게 꽂혀있었던 것이다.

그 마음을 아는지 모르는지 바지를 깨끗이 닦아내자 현

수가 이번에는 갈비찜을 맛있게 뜯었다. 그런 현수를 힐끔 보다가 해수가 말했다.

"현수가 고기를 좋아해서요. 정우 씨도 고기 좋아하던데, 어릴 때부터 그랬나요?"

"정우는 어릴 때부터 고기만 좋아하고 생선은 일절 먹지를 않았어. 그래서…."

정우의 어머니가 빙그레 미소 지으며 대답하는데 또 현수가 불쑥 큰 목소리로 끼어들었다.

"저는 어릴 때는 생선을 더 좋아했는데 지금은 고기를 더 좋아해요!"

순간 해수의 머릿속에 수만 가지 생각이 스쳐 갔다.

'현수가 더 말을 하지 못하게 막아야 할까? 현수가 끼어들 자리가 아닌 것 같은데…. 아닌가? 내가 지나치게 의식하는 걸까? 그래도 어른이 말씀하실 때는 끼어들면 안 된다고 주의 정도는 줘야 하지 않을까? 아, 어쩌지? 어떻게 해야 하지?'

고민하는 사이 정우 아버지가 물었다.

"우리 사돈총각이 그랬구나? 그런데 어쩌다가 고기를 더 좋아하게 됐어?"

"어…, 저는요, 그…, 어릴 때는 생선을 좋아했고! 생선 중에서도 흰, 흰 살 생선. 갈치! 조기! 이런 거! 이런 거만 먹었어요."

"으응, 그랬구나. 우리 정우는 고기만 좋아해서 매 끼니 고기반찬을 하느라 힘들었는데 사돈총각은 반대네, 하하."

정우 어머니가 웃으면서 맞장구를 치자, 해수 엄마가 살짝 웃으며 덧붙였다.

"맞아요. 현수는 어릴 때 흰 살 생선만, 그것도 생선구이만 좋아해서 갈치구이 같은 걸 많이 했었죠."

"그런데 어렸을 때 우리 누나는 생선조림도 좋아했어요. 고등어조림."

"와, 현수 기억력 좋네!"

이야기가 자연스럽게 흘러갔다. 현수가 어떤 음식을 편식했는지, 해수는 어떤 음식을 좋아하는지, 또 정우는 어릴 때 어떤 것을 좋아했는지… 정우와 정우의 부모님, 해수와 현수와 해수의 부모님이 서로 이야기를 나누고 있었다.

'어라?'

어느 순간 해수는 갑자기 어딘가 편안한 기분을 느꼈다. 그러다가 자신이 더는 현수의 말을 다른 사람에게 설명하지 않고 있다는 사실을 깨달았다. 현수가 말을 하지 못하게 막고 있지도 않았다. 그냥 그 자리에서 모두와 함께 웃고 떠들고 있었다. 조금 전까지만 해도 팽팽했던 신경줄이 탁, 하며 풀리는 것 같았다.

다행히도 현수는 식사를 다 마칠 때까지 불쑥불쑥 끼어들거나 맥락에 맞지 않는 말을 하곤 했어도 큰 돌발 행동은 하지 않았다. 정우의 부모님은 현수가 끼어들어 자기 말을 하면 눈을 맞추고 현수의 말에 귀 기울이며 "그랬구나" 하고 받아주었다. 그건 상대방의 존재를 긍정하는 한마디였다. 사실 생각해보면 사람과 사람이 만날 때 당연한 지켜야 할 예의이지만, 현수에게 이 당연한 예의를 지켜주는 사람은 아주 드물었다.

해수는 가슴 속에 따스한 기운이 퍼지는 것을 느꼈다. 동시에 지레 겁먹어 현수를 제지하고 감추려 했던 자신이 바보같이 느껴졌다. 뭘 그렇게 잘하고 싶었을까. 잘하지 않아도 되는데. 설사 걱정하던 일이 현실로 일어나더라도, 그래도 괜찮은데.

"그런데 이거요, 제가 그리는 그림이에요!"

식당 밖에서 정우가 계산하고 나오기를 기다리며 잠시 길거리에 서 있는데 현수가 휴대폰을 열어 정우 어머니에게 뭔가를 보여주었다.

"와, 사돈총각 그림 솜씨가 상당하네!"

"그러게, 색감이 남다르네."

정우 부모님은 조금은 과장된 감탄사를 내뱉으며 휴대폰 속 현수의 그림을 바라봤다. 정우 아버지는 마치 대단한 명화를 보기라도 하는 듯 주머니에서 안경까지 꺼내어 열심히 현수의 일러스트를 감상했다. 현수가 슬쩍 뿌듯한 표정을 짓더니 정우 아버지의 손을 잡고 은행잎이 쌓인 노오

란 거리를 걷기 시작했다.

　"해수야, 이것 봐! 현수가 나 좋아한다!"

　정우 아버지가 눈을 크게 뜨고 뒤를 돌아보며 입 모양으로 해수를 향해 말했다. 정우도, 해수도, 해수의 부모님도 환하게 웃었다. 그날 우리는 처음으로 가족이 되었다.

일단 나부터
꺼안아 보기로 했습니다

"장애아를 키우는 엄마들이 하는 말이 있어. 내 자식보다 하루만 더 살았으면 좋겠다고. 엄마 마음이 딱 그래. 네 오빠보다 하루만 더 살고 죽으면 소원이 없겠어."

"그럼 나는?"

서영의 반박에 엄마가 눈을 휘둥그렇게 떴다.

"애, 넌 나 없이도 잘살 수 있잖아. 네 오빠는 아니야."

서영에 대해서는 단 한 번도 고려해본 적 없다는 듯한 엄마의 단호한 반응에 서영은 마음 한쪽이 무너져 내리는 기분을 느꼈다. 정말로 엄마 없이도 내가 '잘'살 수 있다고 생각하는 걸까? 서영은 '나 없이도 넌 잘살 수 있잖아.'라는 말이 너무 서운하고 너무 서럽게 들렸다. 마치 엄마에게 자식은 장애가 있는 오빠가 전부라고 말하는 것 같았다.

누군가 서영에게 엄마와 관계가 좋으냐고 묻는다면 선뜻 그렇다고 말하기 어려웠다. 서영은 아주 어릴 때부터 엄마와 소위 말하는 살가운 모녀 관계였던 적이 단 한 번도 없다고 생각한다. 오히려 소원하다는 말이 더 어울리는 사이다. 가끔 이런 관계에 대해 서영이 문제를 제기하고 따져물으면 그때마다 엄마는 입버릇처럼 이야기했다.

"네가 어릴 때 큰집에서 자라서 그래."

그 말을 곧이곧대로 믿었던 때도 있었다. 하지만 시간이 갈수록 의구심이 고개를 들었다. 정말 어릴 적에 엄마와 떨어져 큰집에서 자라 애착 관계를 형성하지 못했기 때문일까? 서영이 느끼기에는 다시 엄마, 아빠와 함께 살게 된 뒤에도 애착 관계를 형성할 기회는 수도 없이 많았다. 서영에게 엄마는 이 세상에 하나밖에 없는 '엄마'이지만, 엄마가 '서영의 엄마'였던 적은 단 한 번도 없다고 감히 단언할 수 있다. 왜냐하면 지금까지 엄마는 어떤 것이든 선택해야 하는 순간마다 항상 오빠를 택했으므로. 엄마는 오빠에게만 온 신경과 정성을 쏟았으므로. 그리고 그만큼 서영에게 무관심했으므로.

너는 멀쩡하잖아

어릴 적에 서영의 뇌리에 강하게 남은 사건이 있다. 때는 서영의 유치원 시절로 거슬러 올라간다. 그 나이대 아이들이 으레 그러하듯, 서영은 무슨 일이든 미주알고주알 쏟아내기를 좋아하는 수다쟁이였다. 엄마가 일을 마치고 집에 돌아오면 마냥 반가워서 엄마에게 몸을 맞대고 치대면서 그날 유치원에서 있었던 일, 학원에서 있었던 일을 종알종알 쏟아냈다.

엄마는 서영을 귀찮아하며 짜증을 냈다. 매달리는 서영의 손을 매섭게 쳐냈고, 서영이 방금 한 이야기도 기억하지 못했다. 그 와중에도 엄마의 시선은 온통 오빠에게 꽂혀있었고, 아무 말 없이 혼자 놀고 있는 오빠에게는 그날 하루 무슨 일은 없었는지 물었다.

서영은 그것이 못내 서러웠고 또 외로웠다. 자신과 엄마 사이에 눈에 보이지 않는 벽이 있는 기분이 들었다. '엄마는 왜 내가 하는 말은 궁금해하지 않아? 왜 엄마는 오빠한테만 관심이 있어?' 하지만 어린 마음에도 목구멍까지 차오른 그 말을 입 밖에 낼 수 없었다. 엄마한테 무슨 말을 듣게 될지 너무나 잘 아니까.

"너는 멀쩡한 애가 왜 그러니?"

매일 혼자가 되어 지독한 외로움과 싸우면서 서영은 일찌감치 체념하는 법을 배웠다. 어느 순간부터 엄마를 향한 마음을 닫아버렸다. 조금 더 커서는 엄마를 이해해보려고 했다. 온종일 직장 일에 시달려 피곤한 상태에서 온몸을 기대며 치대는 아이가 얼마나 귀찮고 힘들었을까. 엄마 꽁무니를 졸졸 따라다니며 종알거리는 아이보다 자신에게 무슨 일이 있는지도 모르는 아이에게 더 마음이 가는 것이 어쩌면 당연하다고도 생각했다. 그렇게 서영은 자신을 다독였다. 그러자 어느 날 엄마가 말했다.

"너는 꼭 네 아빠 같아. 다른 집 딸들은 엄마랑 수다 떠느라 바쁘다는데, 너는 왜 한마디도 이야기를 안 하니?"

"말해봤자 엄마는 나한테 관심 없잖아."

"얘, 내가 왜 관심이 없니? 넌 꼭 말을 그렇게 하더라."

엄마가 이런 말을 하다니 믿을 수 없었다. 여태껏 오로지 오빠에게만 관심을 쏟아놓고서 이제 와서 소원해진 모녀 관계를 모두 서영의 탓으로 돌리는 엄마가 밉고 원망스러웠다. 비수가 꽂힌다는 말은 딱 이럴 때 하는 말이었다.

그렇다고 서영이 엄마에게 그리 대단한 관심을 바라는 것은 아니었다. 오히려 말하고 나면 자신이 좀스럽게 느껴질 정도로 입에 담기에도 민망한, 아주 사소한 관심이었다. 예를 들어 오빠의 친구는 같은 반 아이들 이름까지 줄줄이 꿰면서 서영의 친구는 이름을 수십 번을 듣고도 단 한 명도 기억하지 못한다든가, 오빠를 데리고 겹진 다닐 시간은 있어도 서영이 아플 때는 엄마는 바쁘니 네가 알아서 하라고 말한다든가, 오빠가 좋아하고 싫어하는 음식은 죄다 알면서 서영에게는 거꾸로 서영이 싫어하는 음식을 권한다든가 하는 것들. 서영은 엄마가 자신에게는 관심 한 자락 준 적이 없으면서 이제 와서 자신을 탓하는 건 어불성설이라고 생각했다.

'다 엄마 때문이야. 엄마가 자초한 일이잖아.'

마음 같아서는 이렇게 소리치고 싶었다. 하지만 모든 탓을 엄마에게 돌리기에는 엄마가 너무 불쌍했다. 현실적으로 엄마에게 서영에게까지 관심 쏟을 여력이 없다는 것도 이제는 알아버렸다. 차라리 모르면 좋을 텐데. 게다가 이제는 너무 커버려서 어린아이나 바랄 법한 바람을 쏟아낸다면 엄마가 또 끝없이 타박과 푸념이 쏟아낼 게 분명했다. 그 끝에 서영의 자존심을 건드리는 마지막 한마디까지.

"너, 장애가 있는 오빠한테 자격지심을 갖고 있니?"

"너까지 왜 힘들게 하니? 네 오빠 하나로 충분해."

상황이 이 지경에 이르면 서영도 참지 못하고 날이 선 말을 내뱉곤 했다.

"가슴에 손을 얹고 생각해 봐. 엄만 나한테 관심 없어."

모난 딸이 될지언정 자존심도 없는 모자란 딸로 미움을 받고 싶지는 않았다.

서영은 왜 서영으로 살지 못했나

"잘해야 한다."

"너는 엄마한테 효도해야겠다. 부모님 말씀 잘 듣고."

"네 오빠가 그러니까 너는 잘해야 해."

"너랑 오빠 둘뿐이니까 네가 집안의 기둥이네."

아주 어릴 적부터, 아마도 서영이 말귀를 알아듣기 시작한 무렵부터 귀에 못이 박이도록 들어온 말이다. 오빠가 '저런 게' 나랑 무슨 상관인데? 하는 의문을 가질 틈도 없었다. 뭐가 되었든 서영이 잘하는 것은, 잘해야 하는 것은 그냥 당연한 일이었다. 다만 잘하는 게 당연한 대신 조그만 실수에도 너는 '멀쩡한' 애가 왜 그러니? 하며 타박을 들어야 했다. 실수로 음식을 떨어트리거나 글씨를 삐뚤게 써도 '멀쩡하지 않은' 취급을 받았다. 덕분에 서영의 머릿속에는 '오빠가 저러니까 나까지 속 썩이면 안 돼. 내가 잘해야 해.'라는 말이 늘 박혀있다시피 했다.

그래서일까. 서영은 늘 야무지다거나 다부지다는 칭찬을 들으며 자라왔다. 하지만 여기에는 문제가 하나 있었다. '잘'해야 한다는 것에는 기준이 없었다. 뚜렷하게 수치상으로 나타낼 수 있으면 좋으련만, 서영은 누구의 마음에도 충족할 정도로 '잘'하는 방법을 알지 못했다. 그래서 서영이 바라보는 자기 자신은 늘 못나고 부족한 아이였다.

'스페어타이어'.

서영은 자신을 스페어타이어 같은 존재로 생각했다. 초등학생 즈음 엄마가 서영을 붙잡고 이런 이야기를 했다.

"만약에 무슨 일이 생겨서 엄마가 없으면, 그때는 네가 엄마를 대신해야 해. 집안일도 살피고 오빠도 잘 돌봐야 해. 알았지?"

어린 서영은 금방이라도 엄마가 어딘가로 떠나버릴 것만 같아 불안감에 휩싸였다. 엄마가 자신과 오빠를 버리고 가버릴까 봐 두려웠다. 그런데도 서영은 짐짓 결연하게 고개를 끄덕였다. 엄마를 대신해야 한다는 역할이 주어진 셈이니까. 그건 책임이 막중한 자리였다. 아주 어린 나이였지만 밥을 할 줄 알아야 했고, 자신보다 오빠를 먼저 챙길 줄 알아야 했다. 실제로 서영은 엄마가 자리를 비울 때마다 그 빈자리를 대신했다. 집안일을 하고, 밥을 하고, 오빠를 돌봤다. 책임감이 서영의 마음을 무겁게 짓눌렀다.

'기울어진 천칭, 안 아픈 손가락'

열 손가락 깨물어 안 아픈 손가락 없다지만, 그래도 더 아픈 손가락이 있고, 똑같이 아파도 눈길이 더 가는 손가락이 있게 마련이다. 서영은 안 아픈 손가락이었고 늘 뒷전이었다. 유난히 더 아픈, 유달리 눈길이 더 가는 오빠가 있으므로 불만을 표할 수도 없었다. 서영은 기울어진 천칭 위에서 허덕이며 조금이나마 애정을 받고 싶어 발버둥질 쳤다.

내·외부의 기대와 압박, 엄마를 대신해야 한다는 막중한 책임감, 그리고 애정 결핍이 서영을 우울하게 했고 점차 병들게 했다. 서영은 모든 일에 예민하게 굴었고, 아주 사소한 일로도 가족과 큰소리를 내며 싸우기 일쑤였다. 자신을 믿을 수가 없었다. 방문을 닫으면 닫아서 불안했고, 닫지 않으면 닫지 않아서 불안했다. 가만히 있어도, 무언가를 하고 있어도 불안했다. 뭐든지 그런 식이었다. 강박적으로 모든 것에 숫자를 붙이거나 수를 세곤 했다. 밥을 먹고 나면 입을 닦느라 쓴 휴지가 산더미처럼 쌓였다. 서영은 자신이 조금 미친 것 같다고 생각했다. 아니, 미쳐가고 있다고 생각했다.

엄마, 나 병원에 가봐야겠어

"어젯밤에도 못 잤어."

"또? 괜찮은 거 맞아?"

서영은 하품을 하며 자격증 수험서를 펼쳤다. 그러고는 걱정스러운 표정으로 바라보는 친구를 향해 고개를 끄덕이며 어색하게 웃어주었다. 그즈음 서영은 아르바이트 중이든 스터디 중이든 관계없이 때와 장소를 가리지 않고 연신 하품을 해서 여간 곤욕스러운 게 아니었다. 잠을 푹 자본 지가 너무 오래되어서 제대로 잔 게 언제인지 기억조차 나지 않을 정도였다.

대학 졸업 후 서영의 일상은 쉼 없이 돌아갔다. 아르바이트도 하고, 친구와 스터디도 하고, 집에 돌아와서는 운동을 했다. 그리곤 침대에 누워 잠을 청했다. 지금에 만족하여 안착하고 싶을 정도로 일상이 단조로웠다. 하지만 그 단조로운 일상이 서영을 초조하게 만들었다. 서영은 자신이 남들보다 뒤처지고 있다고 생각했다. 실제로 상대적으로 늦기도 했다. 자처한 일이지만 재수를 했고, 덕분에 2년 정도 늦게 대학에 입학했다. 누구나 한다는 휴학 한번 없이 4년 만에 졸업했지만, 그 뒤에 시작된 취업 준비가 서영의 피를 말렸다. 아빠는 돈을 벌어오지 않는 서영을 식충이 취급했고, 엄마는 입만 열면 누구는 어디에 다니더라는 둥, 너는 뭘 하고 있느냐는 둥 하며 남들과 비교하기 바빴다. 무엇보다 말끝마다 따라붙는 엄마의 한마디가 서영의 마음을 더욱 초조하게 만들었다.

"멀쩡한 자식이라고는 너 하나뿐인데 너까지 늦되면 어떡하니?"

부모님의 보이지 않는 채찍질이 힘들고 버거웠다. 하루라도 빨리 번듯한 직장에 취직해 엄마, 아빠의 면을 세워줘야 할 것 같았다.

서영은 스터디 하면서 자격증 딸 준비를 하고, 이력서를 넣고, 면접을 보러 다녔다. 그러면서도 자신이 아무것도 하지 않는다고 생각했다. 눈에 보이는 결과물이 없으니 아무것도 하지 않는 것과 다름없다고 느꼈다. 게다가 서영의 머릿속은 혼란 그 자체였다. 쉬고 싶은 마음과 빨리 취직해야 한다는 마음이 충돌했고, 업으로 삼고 싶어 달려든 전공에 대해서도 회의감이 들었다. 뭘 하면 좋을지 도무지 갈피를 잡을 수가 없었다. 그러는 와중에 엄마가 슬그머니 건넨 제안이 서영을 마구 뒤흔들었다.

"사회복지 쪽을 공부해보는 건 어떠니? 나중에 오빠를 돌볼 수도 있고."

또, 또 저런다. 문득 대학 원서를 넣던 때가 생각났다. 그때도 엄마는 꼭 같은 이야기를 했었다.

"사회복지학과는 어때? 일자리도 많고, 그쪽 일하다가 나중에 네가 오빠를 맡으면 좋겠다."

그때는 진저리를 치면서 자신이 원하는 학과에 원서를 넣었다지만, 지금은? 아빠의 은퇴가 코앞으로 다가온 마당이었다. 지금이라도 사회복지 일을 하면 나중에 가족을, 특히 오빠를 부양하는 게 덜 부담스럽지 않을까, 하는 생각이 불쑥불쑥 고개를 들었다. 엄마의 말이 사실이긴 하니까.

나 하나 포기하면 모두가 행복해지지 않을까? 서영은 도리질을 쳤다. 자신의 인생이 결국 오빠로 귀결되는 게 끔찍하고 싫었다. 나는 오빠를 돌보기 위해 태어난 걸까? 나로 살 수는 없는 건가? 이럴 때마다 장애형제가 없는 사람이 부러웠다. 다른 사람들은 이런 고민을 안 해도 되겠지? 가장 가까운 친구만 보더라도 이런 고민이나 압박에서는 자유로워 보였다. 자신과 남을 비교하며 서영은 점점 나락으로 떨어졌고, 이런 상태에서 벗어나고자 발버둥을 쳤다.

급기야 일주일을 통틀어 잠을 세 시간도 채 이루지 못하는 날이 계속됐다. 더는 이대로 있어서는 안 될 것 같았다. 대책을 강구해야 했다.

우울한 기분을 좀 해소하면 잠을 잘 수 있을까, 하며 서영은 집과 가까운 곳에 있는 상담센터를 찾았다. 수십 개, 아니 어쩌면 수백 개가 되는 질문에 답을 적고 나서도 한참을 기다린 뒤에야 겨우 상담실에 들어갈 수 있었다.

조도를 낮춘 조명과 편안한 분위기, 차분하게 자신을 바라보는 상담 선생님까지. 상담실에는 서영의 이야기를 듣기 위한 모든 준비가 갖춰져 있었다. 하지만 정작 서영 자신은 준비되어 있지 않았다. 누군가에게 자기 이야기를 털어놓는 게 부담스러웠다. 그게 누구든 자신의 치부를 아는 것이 싫었다.

그래도 처음에는 두루뭉술하게나마 이야기를 주절거려보았다. '음, 그렇군요. 그래서요? 또 다른 일은요?' 하면서 상담사가 상담 내용을 속기사처럼 타이핑하는데, 서영은 그 상황이 어색해서 견딜 수가 없었다. 상담 횟수가 늘어난다고 해서 이 어색함이 사라질 것 같지 않았다. 무엇보다 근본적인 문제가 해결되지 않았는데 상담을 받은들 무슨 소용이 있을까 싶었다. 집으로 돌아온 서영은 비싼 돈을 날렸다는 자책감에 또 자기 자신을 몰아세웠다.

다음으로 서영이 향한 곳은 정신과였다. 상담센터에서와 마찬가지로 빼곡한 질문지에 답을 적고 몇 가지 검사를 마친 뒤에 진료실에 들어갔다. 분위기가 상담센터와 비슷했다. 밝고 조금은 노란 조명도, 의사 선생님의 차분하고 조곤조곤한 말투도 불편했다. 상담센터에서 그랬듯이 또 나에 대해 이것저것 꼬치꼬치 캐물으면서 내 치부를 드러내려고 하면 어쩌지? 의심이 꼬리에 꼬리를 물었지만, 생각 외로 진료는 금방 끝났다. 그 대신 한동안 매일 꼬박꼬박 복용해야 하는, 길게 이어 붙인 약 봉투를 받았다. 그게 전부였다. 마음이 편하면서도 왠지 기분이 찜찜했다.

엄마는 못마땅한 기색을 숨기지 않았다.

"그 약, 안 먹으면 안 되니?"

"처방해준 건데 어떻게 안 먹어."

"네 오빠도 저런데, 너까지 그런 약 먹으면 내가 꼭 실패자가 된 것 같잖아."

서영은 마음이 덜컹 내려앉았다. 지금까지 단 한 번도 엄마를 만족시켜본 적이 없는데, 이제는 무려 실망까지 시켜드렸다는 생각에 날카로운 비수가 가슴에 푹 박혔다.

"이거라도 먹지 않으면 미치고 팔짝 뛰겠는데 어떡해, 그럼."

어쨌거나 지금 당장은 일단 살고 봐야 했다. 정신과 약을 먹어서라도 살고 싶었다. 이 지긋지긋한 불안과 강박에서 벗어나고 싶었다. 잠도 푹 자보고 싶었다. 나을 수만 있다면 약을 궤짝으로라도 삼킬 수 있을 것 같았다. 서영은 그렇게 죄책감과 함께 약을 삼켰다.

비장애형제? 저요, 저예요!

'나는'을 알게 된 건 정신과에 다닌 지 꼭 두 달이 되었을 때의 일이다. 여느 때와 다름없이 침대에 누워 구독 중인 유튜버의 영상을 보며 시간을 보내고 있는데, 발달장애인 동생과 함께 살기로 선택했다는 유튜버의 새 영상이 올라와 있었다.

'어? 이게 뭐지?'

평소와 달리 새로 올라온 영상은 동생과 함께하는 일상을 담은 게 아니었다. 영상 속에 두 사람이 더 있었다. 장애형제를 둔 또 다른 사람이었다. 서영은 홀린 듯이 영상을 재생했다. 처음부터 한 단어가 귀에 들어와 박혔다. '비장애형제'. 가슴이 벅찼다. 처음 들어보는 말이지만 그게 뭘 뜻하는지는 너무나도 명확했다. 그 순간 서영은 마치 아르키메데스가 '유레카!' 하고 외치며 욕조를 뛰쳐나간 것처럼, 침대에서 벌떡 일어나 소리치고 싶었다.

"나야! 이건 나라고!"

서영은 늘 자신의 존재에 대해 의구심을 가져왔다. 자기
자신을 어떤 말로 표현해야 할지 알 수 없었다. 장애인인
오빠가 있는 동생. 늘 그 정도로 풀어서 설명하곤 했다. 그
런데 '비장애형제'라는 표현은 단 한마디로 자신을 정의해
주었다. 심지어 모임이 있단다. 나 말고도 나와 같은 처지
에 있는 사람을 만날 수 있다니 눈물이 핑 돌았다. 서영은
곧바로 '나는' 홈페이지를 찾았고, 가장 빠른 모임 날짜에
참가 신청을 했다.

'쭉 직진하다가 왼쪽으로 꺾
으면 금방이네.'

마포구청역에 도착한 서영은 지도 앱을 켜 다시 한번 위
치를 확인했다. 서울로 올라오는 기차 안에서도 수십 번 확
인했지만, 막상 목적지가 가까워지자 가슴이 뛰었다. 다른
비장애형제를 만나는 것 자체가 처음은 아니었다. 하지만
속마음을 터놓고 이야기를 나눌 수 있는 익명의 누군가를
만나는 건 이번이 처음이었다. '대나무숲 티타임'이라니.
이름도 참 잘 지은 것 같았다. 가슴 속에만 품고 있던 비밀
을 털어놓기에 대나무 숲만큼 좋은 장소가 또 있을까.

조금 일찍 도착한 탓에 널따란 모임 공간이 한산했다.
쭈뼛거리며 어색하게 자리에 앉아있는데, 입구 쪽에서 두

사람이 들어왔다. 태은과 해수였다. 해수가 쾌활한 목소리로 친근하게 먼저 말을 걸어왔다.

"어떻게 오셨어요?"

"여기가 '나는' 모임… 아닌가요? 비장애형제 모임…"

"네, 맞아요, 일찍 오셨네요. 아직 참가 신청한 분들이 다 못 오셔서 좀 기다리셔야 하는데, 음료라도 드릴까요?"

해수는 스스럼없이 차를 건네며 어떻게 '나는' 모임을 알게 되었는지, 어디서 왔는지 등등을 물었다.

얼마 지나지 않아 작지 않은 공간이 사람들로 북적였다. 이런 분위기는 처음이었다. 모두 처음 본 얼굴이어서 낯설고 어색했지만, 자신이 비장애형제임을 애써 숨기려 하거나 용기 내어 밝힐 필요가 없어서 편안했다.

작은 그룹으로 나뉜 뒤 본격적인 프로그램에 들어갔다. 해수가 이끄는 그룹에 속한 서영은 사람들을 따라 2층 공간으로 자리를 옮겼다. 교실처럼 생긴 작은 공간에 예닐곱 명이 둥글게 모여 앉아있자니 마치 외국 드라마에서 본 익명의 그룹 치료 모임 같았다. 어색하게 서로 눈치만 보고 있는데 해수의 목소리가 정적을 깼다.

"자, 누가 먼저 얘기할래요?"

해수는 누군가를 지목하는 대신 먼저 자기 이야기를 털어놓았다. 그러자 어색하던 분위기가 풀리면서 누가 먼저랄 것도 없이 자신의 이야기를 털어놓았고, 서로 공감하며 울고 웃었다. 서영도 용기 내어 자기 이야기를 꺼냈다.

"취업 준비 기간이 길어지고 가족과 지내는 시간이 많아지면서…, 그…, 우울증이 많이 심해져서… 지금 약을… 먹고 있거든요."

서영은 기껏 용기 냈다는 게 무색할 만큼 한참을 머뭇거리다 사람들의 눈치를 보며 조심스럽게 말을 꺼냈다. 이번에도 해수가 분위기를 반전시켰다.

"저도 약 먹어요! 그게 뭐라고 그렇게 망설여요? 약 먹는 게 뭐 죄예요? 당당하게 얘기해요! 내가 아프다는데 어쩔 거야! 그죠?"

크게 웃으며 당당하게 말하는 해수의 태도에 절로 웃음이 나왔다. 서영은 고개를 끄덕인 후 그간의 고민을 털어놓았다. 취업을 준비하면서 비장애형제여서 남들은 하지 않아도 될 고민을 해야 했던 것, 마냥 외면할 수만은 없는, 사회복지사를 해 보면 어떻겠냐는 엄마의 제안 같은 것들을. 그러는 사이 정해진 두 시간이 쏜살같이 지나가 버렸다.

'나는' 여기에 있어요!

'대나무숲 티타임'에 참석하면서 서영에게 일어난 가장 큰 변화가 있다면 그건 바로 집에서 독립했다는 것이다.

"가족과의 분리가 비장애형제의 정신 건강에 얼마나 큰 영향을 미치는데요. 일단 몸이 멀어지는 것만으로도 평화가 찾아와요."

'대나무숲 티타임'에서 누군가 던진 이 한마디가 도화선이 되었다. 과정이 순탄치는 않았지만 어쨌거나 독립을 쟁취해냈고, 서영은 전에 없던 평화를 경험했다. 하지만 또 다른 문제가 생겼는데, 그건 바로 지금까지 서영이 이런 평화를 한 번도 경험해본 적이 없다는 것이다. 익숙한 불안이 또다시 고개를 들었고, 급기야 서영은 스스로 문제를 만들어내고야 말았다.

'나 혼자 이렇게 편안해도 되는 걸까?'

가족으로부터 도망치면서 얻은 혼자만의 평화가 죄책감을 자극했다. 돌변한 엄마의 태도도 서영을 혼란스럽게 하는 데 한몫했다. 서영이 독립하자 엄마가 갑자기 서영을 무척 애틋하게 대하기 시작한 것이다. 서로를 잡아먹지 못해 안달이던 과거는 없던 일인 것처럼. 덕분에 겉으로는 관계가 어느 정도 개선된 것처럼 보였지만 사실 근본적인 문제는 아무것도 해결된 것이 없었다. 그런데도 마치 모든 문제가 다 해결된 것처럼 구는 엄마의 태도가 서영은 몹시 불편했다.

또 한편으로는 그토록 원하던 평화를 손에 쥐고도 뜨거운 돌멩이를 손에 쥔 것처럼 안달복달하는 자신이 한심하고 우습기도 했다. 서영은 이런 자신의 처지를 이야기하고 싶었다. 모든 것을 털어놓을 수 있는 '대나무숲 티타임'이 그 어느 때보다 절실했다.

오랜만에 '나는' 홈페이지에 들어간 서영은 새로 올라온 공지에 눈을 홉떴다. 올해는 '대나무숲 티타임' 대신 새로운 정규 프로그램을 연다는 소식이었다. 그것도 무료로 진행하는 일회성 프로그램이 아니었다. 프로그램은 두 가지가 있는데, 그중 서영의 눈길을 끈 건 '쓰담쓰담'이라는 글쓰기 프로그램이었다. 무려 4개월에 걸친 긴 여정이고, 참가비도 내야 했다. 참가비가 아르바이트로 생계를 유지하는 서영에게 적지 않은 금액이었지만 서영은 그간의 경험으로 봤을 때 그 돈이 아깝지 않다고 생각했다. 헐레벌떡 신청을 마친 서영은 떨리는 마음으로 모임이 시작될 날을 손꼽아 기다렸다.

글쓰기 모임은 '대나무숲 티타임'과 비슷한 형식으로 진행됐다. 열 명이 채 되지 않는 소수의 인원이 격주로 만나 자신이 직접 써온 글을 읽고 함께 이야기를 나눈다는 점만 달랐다. 모임을 거듭할수록 서로에게 익숙해졌고 점점 더 깊은 이야기를 나눌 수 있게 되었다.

부모님에게 느끼는 주된 감정에 관해 이야기를 나누던

날이었다. 서영은 자신의 차례가 돌아오자 최근 들어 엄마를 향해 느끼던 죄책감을 숨김없이 털어놓았다. 그러자 해수가 의문을 제기했다.

"그런데 궁금한 게 하나 있어요. 서영 씨는 왜 그렇게 엄마한테 미안한 게 많아요?"

"음…, 엄마의 기대를 충족시켜주지 못한 딸인 것 같아서요…."

"엄마의 기대를 꼭 충족시켜야 하나요? 그냥 딸이면 안 돼요?"

"어…, 그러게요…."

서영은 할 말을 잃었다. 자기 자신이 불러낸 죄책감에 한없이 나락으로 떨어지다가 급제동이 걸리는 순간이었다. 모임을 마치고 돌아온 뒤에도 해수의 질문이 머릿속을 떠나지 않았다. 그러게. 나는 왜 그냥 딸이면 안 되는 걸까? 오빠는 그냥 있어도 되는데, 왜 나는 꼭 엄마를 만족시켜야만 하지? 왜 그렇게 생각했을까? 언제부터 그렇게 생각하게 된 걸까? 그러다 불쑥 매번 자신의 발목을 붙잡던 걸림돌이 떠올랐다.

"너까지 그래야겠니?"

"장애인인 오빠를 질투해야겠어?"

이 말은 서영이 왜 날 봐주지 않느냐며 발악할 때마다 엄마가 했던 말이다. 그러면 전에는 주눅이 들어 금방 수긍

하곤 했는데 지금의 서영은 달랐다. 머릿속으로 하나씩 반박을 해 보았다.

"왜 안 돼? 나는 엄마에게 오빠랑 똑같은 존재가 되면 안 되는 거야?"

"질투하는 게 어때서? 나도 자식인데!"

맞아, 나도 자식인데. 입 밖으로 내뱉고 나니 기분이 묘했다. 자식으로 태어나 부모님의 사랑을 받고 싶은 것은 당연한 이치 아닌가? 서영은 그제야 자신에게 씌워져 있던 멍에를 정면으로 마주하게 된 것 같았다. 나는 여태껏 잘하지 않으면 사랑받지 못한다고 생각했구나. 언제나 '멀쩡'해야 하고 '잘'해야 한다는 게 나에게 짐이고, 책임감이었구나. 그래서 잘하지 못하면 죄책감을 느꼈던 거구나.

"꼭 그래야 할 필요가 있을까?"

서영은 자기 자신에게 질문을 던지고는 스스로 소리 내어 대답했다.

"내가 나로 살면 됐지, 꼭 잘해야 할 필요가 있나?"

그렇게 생각하니 더는 엄마의 애정을 갈구할 이유가 없었다. 그동안 돌변한 엄마의 태도에 마음이 불편했던 이유를 알 것 같았다.

서영은 지금에 와서 시시비비를 따지고 싶지는 않았다. 물론 여전히 엄마에게 잘잘못을 따져 묻고 허심탄회하게 자신이 원하는 바를 이야기하고 싶은 마음은 있었다. 하지만 엄마를 비난하고 자신이 용서하는 구도를 바라지는 않았다. '나는 이런 마음이었고 이런 생각을 했었다'라고 엄마에게 담담하게 이야기하고 싶었다.

지금껏 서영은 엄마와 자신을 떼어놓고 생각하는 방법을 몰랐지만, 이제는 안다. 서영과 엄마는 별개의 존재라는 것을. 서영은 그저 서영이기만 하면 된다는 것을. 이 사실을 받아들이고 나니 갑자기 마음이 홀가분해졌다. 이제야 서영은 오롯이 자기 자신으로 서는 법을 알게 되었다.

에필로그 　　　　　　그들의 일주일

월요일

'벌써 월요일이구나.'

진설은 달력을 넘기면서 창밖 너머로 시선을 던졌다. 탐스러운 분홍색 꽃잎이 진설을 향해 손을 흔들고 있었다. 이번 주말이면 벚꽃이 만개할 것이다. 진설은 주말 동안 '나는'의 받은메일함에 쌓인 각종 문의 메일과 복지관에서 온 부모교육 요청 메일을 확인한 뒤, 각각 답 메일을 써서 발송했다. '나는' 활동을 한 지 6년째인 진설은 일련의 작업을 능숙하게 처리한 뒤 두 팔을 뻗어 기지개를 켰다.

내년이면 그의 9주기가 돌아온다. 그렇게 되면 진설은 딱 그의 나이가 된다.

'내후년에는 오빠보다 내가 더 나이가 많겠군.'

진설은 키보드 위에서 분주히 움직이던 손을 잠시 멈추고 간만에 그의 얼굴을 떠올려보았다. Y교수의 말이 반은 맞은 셈이다. 아직도 그의 눈과 코와 입이 뚜렷하게 기억나지만, 현실을 살아내다 보니 자연히 그를 생각하는 일은 확실히 줄어들었다.

그가 남긴 소설의 주인공처럼 살아보자고 다짐했던 날부터 진설은 오랫동안 자신을 동여매고 있던 뿌리 깊은 감정을 살펴보았다. 가족으로서 그를 제때 치료하고 지원하지 못한 것에 대한 후회, 그를 함부로 대했던 세상에 대한 분노, 그리고 그에게는 차마 하지 못하는 말을 자신에게는 너무나도 쉽게 내뱉던 부모에 대한 설움까지…. 그러나 이런 감정은 진설이 자기 자신에 대해 느끼는 미움에 비하면 아무것도 아니었다.

이제 진설은 과거의 자신이 매 순간 최선을 다했다는 것을 안다. 만약 타임머신이 발명되어 운 좋게 타임패러독스 없이 과거로 돌아간다고 해도 결국 자신은 그때와 똑같은 선택을 하리라는 것도 알고 있다. 자기 자신을 용서하는 것이 타인을 용서하는 것보다 몇 곱절 아니 몇백 곱절 힘들었지만, 이제 더는 죄책감이나 후회로 밤을 지새우며 몸부림치지 않는다. 자신을 포함해 누구도 미워하지 않기 위해 오늘을 살기로 결심했다.

진설은 다시 창틀에 기대서서 반쯤 꽃이 핀 벚나무를 내려다보았다. 그리고 지난 6년간 '나는'을 통해 만난 비장애형제의 얼굴을 찬찬히 떠올렸다.

"괜찮아요. 진설의 잘못이 아니에요."

이 말은 예전의 진설에게는 아무 감흥도, 의미도 없는 문장에 불과했다. 하지만 '나는'의 다른 비장애형제에게 들은 그 말은 마치 봄바람에 흩날리는 보드라운 벚꽃 잎처럼 진설의 뺨을 간질였다. 깨어있는 시간 동안 한시도 쉬지 않고 모든 걸 부서트릴 기세로 진설을 윽박지르던 이성이라는 파도가 처음으로 잠잠해지는 듯했다. 그렇게 '나는'은 그에 대한 부채의식을 해소하는 도구가 아닌 평범한 일상이 되었다.

긴 겨울을 버텨내고 봄에 꽃을 피우는 데는 많은 것이 필요하지 않다. 따뜻한 햇볕과 공기 그리고 물 한 줌이면 충분하다. 지금도 이 세상 어디에선가 자신만의 지옥에 고립되어 있을 비장애형제 역시 마찬가지이다. '나는'의 비장애형제들 입에서 나온 그 한마디가 진설에게 따스한 위로가 되었던 것처럼, 같은 비장애형제가 안겨주는 작은 온기, 그것만으로도 비장애형제는 다시 봄을 맞이할 수 있다.

진설은 주말마다 갖는 '나는' 모임을 고대하며 창문을

열었다. 곧 누군가의 숨결과도 같은 바람이 진설의 방 안으로 흘러들어왔다.

화요일

미정이 올해 가장 잘한 일은 '노이즈 캔슬링 헤드폰'을 샀다는 것이다. 가격이 꽤 비싸서 그동안은 막연하게 갖고 싶다는 생각만 했는데, 전염병 시국을 맞아 집에 있는 시간이 늘면서 잠깐의 고민 끝에 결제 버튼을 눌러버렸다.

이 소식을 친구들에게 전하자 누군가 지나가듯 물었다.

"지금 그걸 왜 샀어? 그 헤드폰은 비행기 탈 때 쓰면 좋은 건데, 지금은 외출은커녕 비행기 탈 일도 없잖아."

모르는 소리. 미정은 거꾸로 바로 그런 이유로 헤드폰을 산 것이다. 방 밖에서 들려오는 소리에 아무 신경 쓰지 않고 오롯이 눈앞의 일에만 집중할 수 있다는 게 얼마나 큰 해방감을 주는지 겪어보지 않은 사람은 모른다. 그동안 엄마와 아빠 혹은 엄마와 오빠가 부딪칠 때마다 미정이 자신의 방에서 나와 중재자 역할을 할 수밖에 없었던 건 방문을 넘어 들어오는 소리 때문이었다.

한국으로 돌아오는 비행기 안에서 미정은 앞으로는 어떤 소리가 방문을 두드리더라도 '저건 내 일이 아니다. 내가 다 해결할 수도 없고, 내가 꼭 해결해야만 하는 것도 아니다.'라고 생각하며 꿈쩍도 하지 않겠다고 다짐했었다. 하지만 번번이 실패로 돌아가고 말았다. 애써 무시하려고 해도 이 사태를 막을 수 있는 건 나뿐이라는 생각, 그리고 아무런 행동도 하지 않고 방관하면 자신이 제 소임을 다하지 못하는 사람이 되는 것 같다는 죄책감에 어쩔 수 없이 또다시 밖으로 뛰쳐나가기 일쑤였다.

헤드폰을 산 이후로는 방 밖에서 어떤 일이 벌어져도 '알아서 해결하든가~.' 하는 마음으로 자기 혼자만의 공간에 머물 수 있었다. 하지만 먹먹하게 귀를 누르는 노이즈 캔슬링 헤드폰이라고 해서 방문을 타고 넘어 들어오는 소리를 백 퍼센트 차단해주는 건 아니었다.

"아, ××! 적당히 좀 하지…"

아주 중요한 면접을 하루 앞둔 날이었다. 오늘은 면접

준비를 해야 하니 절대로 자신을 방해하지 말라고 분명히
통보했건만, 엄마와 오빠가 기어이 접전을 벌이기 시작한
것이다.

미정은 얼른 헤드폰을 쓰고 음악을 틀었다. 하지만 그
정도로 해결될 상황이 아니었다. 그렇지 않아도 중요한 면
접을 앞두고 설렘과 떨림, 두려움과 긴장이 한데 엉겨 마음
이 복잡해 죽겠는데. 집중도 잘 안 되고 예상 질문에 맞는
답을 준비하려면 시간도 부족해 죽겠는데. 미정은 '이 인간
들은 왜 하필 오늘 같은 날 저러고 짖어대나. 나는 안중에
도 없나?' 하는 생각에 뿔이 났다.

그래도 처음에는 어떻게든 앞에 놓인 예상 질문에 집중
하려고 했다. 하지만 문득 시계를 보니 '저 사달'이 난 지
두 시간이 되어가고 있었다. 미정은 당장 헤드폰을 벗어 집
어 던지고 방 밖으로 나갔다. 아주 가관이었다. 잔뜩 흥분
한 오빠가 양팔을 붕붕 휘젓고 있었고, 엄마는 소리를 지르
며 오빠의 팔을 붙잡고 등짝을 후려치려 하고 있었다. 진짜
오랜만에 맛보는(?) 혼란이었다.

"적당히 좀 해라, 이것들아!"

… 라고 소리치고 싶은 마음이 굴뚝같았지만, 미정은 그렇게 하지 않았다. 그 대신 눈에 쌍심지를 켜고 거실로 나가 엄마와 오빠 사이에 선 다음, 두 사람의 어깨를 가만히 잡고 양쪽을 번갈아 쳐다보며 "에헤이~, 그만. 적당히 해." 정도만 하고 말았다. 중요한 일을 앞두고 있는데 굳이 길게 얘기하면서 진을 빼고 싶지 않았다.

하나, 둘, 셋.

미정은 스스로 정한 만큼만 딱 숫자를 세고 다시 방으로 돌아왔다. 저놈의 인간들이 서로 으르렁대고 싸우든 말든 지금은 다음 날 있을 면접에 집중해야 했다. 일단 나가서 '내가 할 일이 있으니 좀 그만해라' 하고 양껏 표를 냈으니, '사람이라면' 눈치껏 적당히 짖다가 그만두겠지.

미정은 예상 질문에 대한 답을 써보기 위해 키보드 위에 손을 올렸다가 '나는'의 단체 대화방을 열었다.

> 우리, 이번 주말에 만나는 거 맞죠?

태은
> 네, 맞아요!

> 너무 빡치는 상황이 있는데,
> 그날 공유해도 될까요?

해수

혈, 무슨 일 있어요?

진설

당연히 되죠. 안 될 리가!

> 아이고…, 감삶다. 감삶다.
> 여기 아니면 공감받기 어려울 것 같아서요.
> ㅋㅋㅋㅋㅋㅋㅋ
> 그럼 남은 한 주 잘 보내시고 주말에 뵈어요!

　미정은 숨을 훅- 내뱉으며 대화창을 닫았다. 됐다, 됐어. 불만에 가득 차도 이제는 마음이 숨 쉴 수 있는 틈이 생겼다. 이제 진짜 집중해야겠다. 누구의 방해도 받지 않고 오롯이 나를 위해서. 그리고 나에게 중요한 일을 잘 해내기 위해서.

수요일

부모님과 함께 병원에 간 동생이 휠체어를 타고 집으로 돌아왔다. 며칠 전부터 발을 절뚝이더니 인대가 끊어졌다고 한다. 동생 말로는 보호작업장에서 선생님 때문에 심하게 넘어졌다고 하는데, 부모님은 그냥 동생이 혼자 넘어졌다는 쪽으로 결론을 내린 것 같았다. 어차피 정신적 장애인은 자기변호가 어렵고, CCTV 같은 게 있지 않은 이상 정확한 사실을 알 수 없다는 것을 동생의 학창시절 내내 배워왔기 때문이리라. 또 지금 범인을 찾는다고 해서 동생의 발이 낫는 것도 아니었다.

동생은 수술을 받았고, 이후 약 일주일 동안 입원을 해야 했다. 백수였던 소진은 자연스럽게 간병인이 되었다. 병실이 6인실이어서 주위 사람들에게 피해를 줄까 봐 걱정했는데, 입원 첫날 동생이 의외로 얌전했다. 병원의 분위기를 아는 것처럼 평소와 달리 전혀 중얼거리지도 않고, 말도 제법 잘 들었다. 하지만 저녁이 되자 상황이 돌변했다. 병원에서는 소진이 큰 소리로 자신을 혼낼 수 없다는 걸 파악

했는지, 처음 보는 똥고집을 부렸다. 중얼거리지 말라고 하면 꼬박꼬박 큰 소리로 말대답을 하고, 5분마다 한 번씩 아까 편의점에 다녀와 놓고도 또 가겠다고 떼를 썼다.

"싫어! 편의점에 왜 안 가!"

20대의 남성이 외쳤다고 하기엔 너무나 아이 같고 '이상한' 말투. 침상 커튼을 쳐놓았기에 망정이지, 입원실의 다른 환자들이 어떤 표정을 짓고 있을지는 안 봐도 훤했다.

'저쪽 환자, 어딘가 좀 이상한데?'

병실은 조용했지만, 소진은 실제로 이런 말을 들은 것처럼 얼굴이 화끈거렸다. 동생의 '이상한' 말투를 좀 더 들어보고 장애인인지 아닌지 확인하기 위해 침묵을 지키고 있는 것 같다는 생각마저 들었다.

"조용히 좀 해. 너 계속 시끄럽게 굴면 나 그냥 집에 갈 거야. 너 혼자 휠체어 타고 다니든가 말든가 알아서 해."

소진은 이를 꽉 깨물고 경고했다. 처음 맞닥뜨리는 이 상황이 너무나 당황스러웠다. 동생이 언제 화를 내고 언제 떼를 쓰는지, 또 그럴 때면 어떻게 달래야 하는지 잘 알고 있다고 생각했는데, 지금은 어떻게 해야 할지 전혀 감이 오지 않았다.

　서로 씩씩거리기를 몇 분, 최대한 화를 억누르며 작은 소리로 말하려는 소진과 짜증 내며 큰 목소리로 말하는 동생의 싸움이 병실에 생중계되고 있었다. 도저히 동생의 입을 막을 수 없다는 판단이 들자, 소진은 분노와 무력감에 눈물이 나오려고 했다. 그나마 커튼이라도 치고 있어서 정말 다행이었다.

　소진은 계속 병실에 있다가는 오히려 자신이 동생을 때리고 괴성을 지를 것만 같아서 서둘러 병원을 빠져나왔다. 당장 엄마에게 전화를 걸어 상황 설명을 했다. 너무 힘들어서 더는 못 있겠다고 말했다. 엄마는 마치 이런 상황이 올 줄 예견했다는 듯, 자신이 최대한 빨리 퇴근할 테니 어서 집으로 가라고 말했다.

　이날 엄마는 동생이 혼자 있는 것을 발견한 간호사의 독촉 전화를 받으며 직장에서 조퇴해야 했다.

　집에 도착해서도 소진은 한동안 분을 가라앉힐 수 없었다. 동생이 발달장애인이라는 걸 병실 사람들이 안다고 해서 문제가 될 건 없었다. 그런데 왜 계속 화가 나는지 소진 자신도 알 수 없었다. 아마도 동생의 행동을 제지할 수 없어서 그런 것 같았다. 많은 비장애형제가 그렇듯, 소진은 동생이 가족 중에서 가장 무서워하는 사람이다. 그만큼 자신이 동생의 문제 행동에 대해서만큼은 전문가라고 생각해왔는데, 이날은 아무것도 할 수 없었던 것이다.

'내가 모르는 동생의 모습이 또 뭐가 있을까? 앞으로 중년이 되고, 노년이 되어서도 얘랑 잘 살아갈 수 있을까? 부모님이 돌아가시면 내가 보호자가 되는데 동생에 대해서 너무 모르고 있는 건가? 예비 보호자로서 내가 어디까지 알고 있어야 하는 거지? 나중에 또 이런 상황이 생기면 어떻게 해야 하지?'

머리가 터질 것만 같아서 소진은 서둘러 텔레비전을 켰다. 예능 프로그램을 보는 동안 감정의 폭풍이 서서히 가라앉고 이성이 돌아오는 것 같았다.

'좋게 보면 모임에서 할 얘기가 또 하나 생긴 거지 뭐.'

소진은 긍정적으로 생각하기로 했다. 너무 화가 나고 힘들었던 최악의 하루였지만, 이제 소진에게는 자신을 공감해주고 서로를 다독일 수 있는 곳이 있다. 앞으로도 새로운

문제와 고민이 계속 생길 테지만, 그때마다 소진은 '나는'
에서 새로운 시각과 의견, 그리고 따뜻한 공감을 얻을 것이
다. 이날 밤 소진은 주말에 있을 '나는' 모임을 기대하며 한
결 나아진 기분으로 잠들었다.

목요일

　퇴근 후 집에 도착해 샤워하고 나오면 야구를 틀어놓고
저녁을 먹는다. 야구 경기를 보면서 한껏 분노를 쏟아내기
도 하고, 홈런 한 방에 짜릿한 기분을 느끼기도 한다.
　서영은 여태껏 자신이 야구를 싫어하는 줄만 알다가 독
립하면서 그게 아니라는 걸 알았다. 집에서는 아빠가 퇴근
후 늘 스포츠를 시청했었다. 특히 야구 시즌이 되면 밤마다
중계하는 소리가 집안에 끊이지 않았다. 엄마는 항상 그 소
리가 지겹다고 했다. 그래서 서영도 덩달아 야구가 싫다고
생각했다. '야구＝지긋지긋하고 싫은 것'이라는 공식이 머
릿속에 박혔다.

생각해보면 야구만 그런 게 아니었다. 시시콜콜한 일상부터 일생일대의 중요한 결정까지 엄마의 생각은 곧 서영의 생각이었고, 엄마의 의견은 곧 서영의 의견이었다. 엄마의 말에 따르지 않으면 안 될 것 같았고 자신이 무슨 큰 잘못을 저지른 것만 같았다. 그만큼 서영에게는 엄마가 모든 일의 기준이고 절대적인 존재였다.

그런 만큼 집에서의 독립은 더욱더 의미가 깊었다. 가족, 특히 엄마와 분리하면서 서영은 오롯이 서영으로 살아갈 수 있게 되었다. 죄책감과 애정 결핍에 시달리지 않는 삶이 이전과 비교할 수 없이 쾌적했다. 더는 엄마에게 자아를 의탁하지 않아도 되고, 더는 애정을 갈구하지 않아도 되었다. 서영은 이제야 비로소 온전한 한 사람으로 살아간다는 느낌을 받았다.

이렇게 충만한 일상을 지내다 보면, 만약 처음 독립을 결심했던 당시에 '나는'을 몰랐다면? 혹은 '대나무숲 티타임'에 참여하지 않았더라면 어떻게 됐을까? 하는 생각이 들었다. 독립한 후에 지금처럼 정서적인 안정을 누릴 수 있었을까? 아마 물리적인 독립에는 성공했을지라도 정서적인 독립에는 실패하고 가족에게 계속 얽매였으리라. 물론 다행히 시기가 적절하게 맞물리고, 거기에 서영 자신이 용기를 낸 덕에 독립을 실행에 옮길 수 있었다. 하지만 그 시기에 '나는'의 응원이 없었더라면, 독립 후 끊임없이 흔들리고 고민하던 순간에 서영을 등 떠밀어주는 손길이 없었더라면, 과연 이 충만한 일상을 쟁취해낼 수 있었을까? 만약 누군가 이렇게 묻는다면 그 답은 '아니오'일 것이라고 서영은 확신했다.

'나는'은 서영에게 비빌 언덕이었다. 그 누구에게도 털어놓은 적 없던 속마음을 꺼낼 수 있는 곳. 꼭 말로 하지 않아도 이해할 수 있고 고갯짓 한 번, 등을 토닥이는 손길 한 번으로 모든 게 설명되는 유대감, 이런 것들이 서영의 마음을 편안하게 해주고 서영에게 용기를 주었다. '내'가 없는 사람들에게 '나'를 응원해주고 고민할 때 등 떠밀어주는 존재가 있다는 것이 얼마나 든든하고 감사하며 가슴 벅찬 일인지 서영은 '나는'을 통해 알았다.

우웅-.

휴대폰이 진동하면서 화면에 알림이 떴다.

진설

이번 주말에 회의 있습니다!

　서영은 답장을 보내고 저녁상을 정리했다. 이제 어딘가
에 있을 또 다른 서영을 구하러 갈 시간이었다.

금요일

　"누나, 오늘 집에 와?"
　금요일 오후, 회사에서 정신없이 일하던 해수는 갑자기
걸려온 현수의 전화에 휴대폰을 들고 비상계단으로 달려
나갔다.
　"응, 오늘 저녁 같이 먹기로 했잖아"
　"알겠어. 그럼 몇 시에 와?"
　"퇴근하고 일곱 시쯤?"
　"알겠어. 이따 보자."
　해수가 정우와 결혼한 지 벌써 몇 년이 흘렀다. 정우와 함께 사는 것은 대체로 행복했다. 해수는 무엇보다도 가족과 떨어져 사는 삶이 좋았다. 이제야 처음으로 자기 생활의 온전한 주인이 된 것 같았다. 그러면서도 이런저런 목소리가 또 해수를 괴롭혔다.

'지 혼자 살겠다고 집을 나온 거지. 이기적인 것. 혼자 행복하자고 엄마랑 현수를 두고 나왔네. 너 사실 엄마한테도 현수한테도 별 관심 없지? 너 혼자 좋으면 그만이지?'

해수는 행복하면서도 죄스러웠다. 자신이 가족을 그리워하는 것도, 가족이 해수를 그리워하는 것도 다 마음 아팠다. 자신이 집을 떠나지만 않았어도 가족이 힘들어하지 않을 것 같다는 생각도 들었다. 이날처럼 현수가 전화라도 하면 죄책감이 심장을 콕콕 찌르는 것 같았다.

해수는 크게 심호흡을 하고 나서 '나는'에서 다른 비장애형제들과 가장 많이 주고받은 말을 되새겼다. '내 행복을 찾는 것은 이기적인 게 아니다, 내가 행복해도 괜찮다….' 두세 번 정도 되뇐 뒤 자리로 돌아가 노트북 전원을 켰다.

워드 파일을 노려보며 업무에 집중하려는 순간, 다시 한 번 휴대폰이 울렸다.

"누나, 오늘 일찍 오면 안 돼?"

"퇴근하고 바로 가도 여섯 시쯤 되는데."

"알겠어."

해수가 집에 가는 날 현수가 전화하는 일은 드문데, 두 번이나 전화해서 빨리 오라고 재촉하는 게 좀 이상했다. 집에 무슨 일이 있나? 엄마에게 무슨 일이 있는 건가? 현수가 지금 혼자 있나? 내가 급하게 필요한 상황인가?

해수는 퇴근 시간이 되자마자 서둘러 회사를 나섰다.

"엄마, 나 왔어-."

익숙한 현관문을 열고 들어가자 집안이 고요했다. 잠시 후 조금 어리둥절한 표정으로 엄마가 안방에서 나왔다.

"딸 왔어? 일찍 왔네?"

"현수가 빨리 오라고 해서 좀 서둘렀지. 무슨 일 있어?"

"아니, 별일 없어. 저녁 식사 아직 준비 안 했는데. 차한 잔 줄까?"

조금 전까지 걱정했던 게 무색할 정도로 집안은 평화로웠다. 현수가 인사만 하고 방에 쑥 들어가 버려서 해수는 방문을 열고 한 번 더 말을 걸었다.

"현수야, 누나 왔어."

"응, 왔어? 그런데 누나네 고양이들은 잘 지내?"

현수는 귀에 이어폰을 꽂고 시선을 휴대폰에 고정한 채로 무덤덤하게 말했다. 그런 현수를 보며 해수는 살짝 김이 샜다. 차를 마시고 텔레비전을 보는 동안에도 현수가 방에서 나오지 않아 약간 실망스럽기까지 했다. 다들 잘살고 있는데 괜히 자신만 감상적으로 가족을 애틋해 한 것 같았다. 서운함이 밀려오려던 차에 낮 동안 외출했던 아빠가 현관으로 들어섰다.

"오, 딸 왔어? 현수야, 누나를 그렇게 보고 싶어 하더니, 누나가 오니까 좋아?"

현수가 이날 처음 보는 환한 얼굴로 대답했다.

"네! 좋아요!"

"어이구, 누나한테 전화했다고 하더니, 누나가 보고 싶어서 그랬구나?"

"헤헤, 맞아요."

현수가 쑥스러운 듯 웃었고, 해수도 히히, 하고 따라 웃었다. '누나가 보고 싶다.' 막상 집에 오면 눈도 잘 마주치지 않는 현수가 그런 생각을 하고 있었다니 괜히 쑥쓰럽고, 신기하기도 하고, 가슴 한구석이 찡해졌다.

오늘처럼 앞으로도 가족들은 해수 없이도 잘 살아갈 것이다. 자신이 없으면 집구석이 안 돌아갈 것 같고 가족들이 힘들어할 것 같다는 건 다 괜한 걱정이었다. 문득 언젠가 태은이 했던 말이 떠올랐다.

"생각보다 가족들은 내가 없더라도 잘 지내더라고요. 오히려 나 혼자 '내가 없으면 어쩌나.' 하고 과하게 걱정하는 거지. 가족 내에서 자신의 존재 가치를 확인받고 인정받고 싶어 하는 이상한 보상심리가 있었던 거죠."

해수는 그 말에 동의하면서도, 그렇다고 자신이 가족을 그리워하는 것에 대해 괜히 죄책감을 가질 필요는 없다고 생각했다. 가족이니까 서로 떨어져 있으면 보고 싶을 수도 있는 거지. 현수가 한 것처럼, 해수도 자연스럽게 전화해서 보고 싶다고 하면 되는 것이다. 그렇게 자연스럽게 떨어져 살아가는 것이다.

해수는 다음 날 있는 '나는' 모임에서 이 이야기를 꼭 해야겠다고 다짐했다.

토요일

    평일에 태은은 지방에서 직장인으로서 살아가지만, 매주 주말이면 비장애형제이자 '나는' 모임의 일원으로서 서울에서 시간을 보낸다. 모임이나 회의는 보통 오후 두 시에 시작하지만, 태은은 오전 일찍 서울로 출발한다. 일찌감치 모임 장소인 카페에 도착해 카페의 여유로운 분위기를 만끽하는, 바쁜 일상 속의 한 점 같은 여유가 좋았다.

    이날도 태은은 따뜻한 카페라테와 달콤한 초콜릿 머핀으로 허기진 배를 달래며 노트북을 펼쳤다. 그리고 프로그램 참여자들이 제출한 과제를 하나씩 읽어보면서 다음 프로그램은 어떻게 구성할지 생각해보았다. 태은이 도울 수 있는 게 뭐가 있을까?

    어떤 비장애형제는 태은과 비슷하게 그동안은 엄마의 희생과 고통에 깊이 공감하며 지내왔지만, 이제는 자기 자신을 위해 적절한 거리 찾기를 시도하고 있었다. 또 다른 비장애형제는 지금까지는 장애형제를 고려하지 않고 살아왔지만 – 태은은 비장애형제여도 장애형제와 무관하게 살아갈 수 있음을 그를 통해 알게 되었다 – 부모님도 나이가 들고 본인도 결혼을 생각하게 되면서 앞으로 장애형제와 함께하게 될 미래를 어떻게 그려야 할지 몰라 혼란스러워하고 있었다. 어느 쪽이든 가족과 장애형제와 자기 자신 사이에서 균형을 잡는 게 중요했다.

삶의 균형 찾기는 태은에게도 여전히 숙제였다. 그날 어머니와 대화한 후로는 너무 오랫동안 전화를 안 했구나, 싶을 때쯤 어머니에게 전화해 안부를 물었다. 가끔은 어머니가 먼저 전화를 걸어와 태은이 어떻게 지내는지 안부를 묻기도 했다. 아직은 좀 어색하지만 서로 간에 적당한 선을 점차 찾아가고 있었다.

가끔은 죄책감에 휩싸이기도 했다. 동생 태연이 다른 주간보호센터로 옮겨간 뒤로 우는 횟수가 늘어난 것, 자주 다리에 멍이 들었던 것, 학대가 의심되지만 센터를 옮기는 것 말고는 할 수 있는 게 없었던 상황 등을 뒤늦게 전해 듣고 너무나 속상하고 죄스러웠다. 자신에게 무슨 일이 일어나고 있는지 아무 표현도 하지 못했을 태연과 그 상황에서 어떻게 대처해야 할지 몰라 발만 동동 구르며 속상해했을 어머니를 생각하면 가슴이 미어졌다.

'하지만 그건 내 잘못이 아니다.'

태은은 또다시 밀려드는 죄책감을 떨쳐내려고 고개를 흔들며 생각을 다잡았다. 지금의 나는 내 자리에서 최선을 다하고 있다고 자기 자신을 다독였다. 학대를 미리 방지하는 것은 내 한계를 넘어서는 일이다. 또 나뿐만 아니라 아빠와 언니, 남동생도 얼마든지 엄마에게 힘이 될 수 있다. 엄마도 자신에게 닥친 문제를 스스로 감당할 수 있을 만큼 충분히 강한 분이다. 무엇보다도 가장 잘못한 것은 그 주간보호센터이다.

태은은 가족에게 또 과몰입하려는 마음을 가라앉히고 자신이 할 수 있는 게 무엇일지 생각해보았다. 비장애형제, 어느 회사의 직장인, '나는'의 일원, 누군가의 연인, 그리고 그 누구도 아닌 나 '태은'. 이 모든 걸 고려해볼 때 지금보다는 조금 더 자주 가족의 안부를 묻고, 활용할 수 있는 제도나 관련 정보를 찾아보는 것, 그 정도가 비장애형제인 태은이 할 수 있는 일이었다.

태은은 무거운 마음을 떨쳐내고 결론을 내렸다. 비장애

형제인 나와 비장애형제가 아닌 나, 이 두 가지 삶에서 나의 한계를 알고 내가 할 수 있는 일을 하자. 아직은 순간순간 위기를 맞이하며 가족과의 적절한 거리 두기를 위해 노력하고 있지만 언젠가는 균형을 찾을 수 있을 것이다.

"언니, 일찍 오셨네요."

미정의 목소리에 태은은 상념에서 깨어나 고개를 들었다. 미정이 태은의 맞은편 자리에 가방을 내려놓고 커피 주문하고 올게요, 하며 카운터로 다가갔다. 어느덧 오후 두 시. 이제 태은이 '나는'으로서의 삶을 살아갈 시간이었다.

나는, 혼자가 아니야

태은과 미정을 시작으로 해수, 진설, 소진, 서영이 차례로 도착해 모두 여섯 명이 테이블을 둘러싸고 앉았다. 최근 성황리에 마친 신년 모임 이벤트가 먼저 주제에 올랐다.

"신년 모임 이벤트 때 예전에 '대나무숲 티타임'에 참여했던 몇 분이 오셨더라고요."

"네, 5년 만에 온 분도 있어요. 신년 모임 공지 뜬 거 보고 반가워서 참석했다네요."

신년 모임은 '나는'이 해마다 여는 정기 이벤트 중 하나이다. 간단한 액티비티도 하고 소그룹으로 모여 이야기하는 시간도 있어서 누구나 부담 없이 어울릴 수 있는 최고의 인기 이벤트이다.

"아참, '나는' 부산 지부에서 이번에 오프라인 모임을 연다고 해요. 이번 모임을 계기로 새로운 멤버를 많이 만나면 좋겠네요."

"그럴 수 있을 거예요! 말 나온 김에 저희도 부산에 한번 내려가요."

"그쵸, 다들 보고 싶네요."

몇 년 전 전국의 복지관을 돌며 부모교육을 진행할 때 우연히 만난 부산의 비장애형제들이 그들을 중심으로 '나는' 부산 지부를 결성했고, 지금까지 활동을 지속하고 있었다. 비록 서로 멀리 떨어져 있기는 하지만, 어쨌든 시간이 갈수록 비장애형제의 연대가 점점 단단해지고 있었다.

최근 '나는'은 공간과 시간의 제약이 상대적으로 적은

온라인 모임도 시작했다. 5주간 책 한 권을 읽고 함께 이야기 나누는 북클럽 형식이다. 몇 년간 자조모임을 운영해보니, 하나의 주제를 놓고 짧지만 깊이 있게 만나는 것이 효과적이었기 때문이다.

"참, 유튜브 고민상담소에 사연이 하나 들어왔어요."

"오, 드디어 들어왔군요! 어떤 고민이에요?"

"자신이 비장애형제라는 사실을 친구에게도 연인에게도 말하지 못하겠다는 내용이에요. 그러다 보니 자신이 거짓말쟁이가 되는 것 같다고, 이제라도 밝히고 싶은데 너무 오랫동안 숨겨와서 어떻게 말해야 할지 모르겠다고 하네요. 상대가 어떻게 반응할지 겁이 난다고요."

"아이고 참, 우리도 많이 이야기했던 주제네요. 소진 님도 이번에 처음으로 친구에게 이야기했다고 했죠? 그 경험을 공유해주면 좋을 것 같아요"

"맞아요. 정답은 없지만 나만 이런 고민을 하는 게 아니구나, 하는 걸 아는 것만으로도 도움이 될 것 같아요."

"네, 그럼 다음 주 월요일 유튜브 녹화 주제는 이걸로 정하죠."

'나는'은 유튜브 채널을 개설하고 비장애형제가 직접 진행을 맡아 가감 없이 조언과 의견을 나누는 고민상담소를 운영하고 있다. 아직 들어오는 사연은 적지만, 전국 어딘가에 있는 비장애형제들의 고민과 사연이 꾸준히 들어오고 있다. 향후에는 '고민상담소' 말고도 다양한 콘텐츠를 비장애형제의 시각에서 평가하여 비장애형제의 생각을 공유하고, 장애가정에 필요한 복지 정보를 소개하는 정보 채널로 그 역할을 넓혀나가고자 한다.

"예전에 갔던 복지관에서 다시 부모교육 요청이 들어왔네요."

"아, 그때 부모교육, 참 어마어마했지요. 충격받은 부모님도 있었고, 교육 끝나고 질문도 진짜 많이 들어왔잖아요. 특히 초등학교 입학 전의 비장애형제를 키우는 부모님들의 관심이 정말 대단했고요. 다시 한번 부모교육의 필요성을 실감했던 시간이었어요."

"맞아요. 2019 오티즘 엑스포에 참여했을 때도 비장애형제가 느끼는 '소외'와 '사랑받고 싶은 마음'을 알고 놀라는 분이 많았어요."

"이제는 비장애형제에 대한 부모님의 인식이 조금씩 달라지고 있어서 다행이에요. 확실히 요즘 부모님 세대는 비장애자녀를 어떻게 양육해야 할지를 두고 고민을 많이 하시더라고요."

"이런 부모교육이 정말 필요한 게, 대부분의 콘텐츠가 장애아동에게만 집중되어 있고 비장애형제에 대한 이야기는 아예 없다시피 하잖아요. 비장애형제도 똑같이 어린아이고, 장애형제만큼 관심과 사랑이 필요한 존재라는 걸 꼭 기억해주셨으면 좋겠어요."

"지금 잠깐 검색해봤는데 비장애형제를 다루는 책이나 영상은 별로 안 나오네요. 역시 우리가 또 나설 수밖에 없는 건가?"

"하하, 그러게요. 역시 우리 손으로 해결하는 수밖에 없나 봐요."

복지관과 여러 기관에서 부모교육을 요청하는 목소리가 커지면서 최근 '나는'은 일회성이 아닌, 가정 안에서 진정한 변화를 촉구할 수 있는 교육 프로그램 개발에도 박차를 가하고 있다. 몇 주에 걸쳐서 진행하는 다회기 부모교육 요청도 점차 늘어서 비장애형제와 장애가족의 건강한 삶을 위해서 '나는'의 역할이 아주 중요하다는 사실을 실감하는 중이다. 특히 장애가정이 안고 있는 여러 문제는 장애형제와 부모님뿐 아니라 비장애형제도 포함한 포괄적인 차원에서 접근해야만 해결할 수 있다고 믿기에, 이를 위한 프로그램과 콘텐츠 개발에 대한 의지를 불태우고 있다.

이야기꽃을 피우다 보니 어느새 모임을 파할 시간이 다가왔다. 태은이 멤버들을 바라보며 말을 꺼냈다.

"우리 '나는'과 같은 자조모임이 정신적 장애인을 가족으로 둔 가정의 고민을 단번에 해결할 수는 없겠지만, 비장애형제로서 그동안 말하지 못한 생각과 감정을 이야기해 보는 것만으로도 상황은 달라지기 마련이라고 생각해요."

"게다가 비장애형제가 용기 내어 자신의 목소리는 낸다는 건 그 자체로 '이제부터 나는 다르게 살아가겠다.'라는 의지의 표현이니까, 거기서부터 이미 변화는 시작된 거죠."

해수에 이어 미정이 말했다.

"네, 비장애형제 안의 변화! '내 안의 변화'! 그게 시작이라고 생각해요."

서영이 미소를 지으며 나지막한 목소리로 말했다.

"그게 엄마든 장애형제든 간에 내가 아닌 남을 중심에 놓고 살던 비장애형제가 이제와 '나'를 삶의 중심에 두기 위해 노력한다는 건 정말 대단한 용기에요."

회의록을 작성하던 소진이 펜을 내려놓으며 말했다.

"시간이 걸리더라도 내 삶은 내가 살아내겠다는 태도를 몸에 익히다 보면 변화가 정말 오더라고요."

진설이 마시던 머그잔을 들어 올리며 맞장구를 쳤다.

"비장애형제니까 비장애형제한테 말할 수 있는 것 같아요. 그동안 참 고생 많으셨다고, 그리고 당신은 혼자가 아니라고."

이윽고 여러 개의 음료 컵이 부딪치고, 그 소리 위로 여섯 명의 웃음소리가 울려 퍼졌다.

"혼자요? 절대 아니죠. 비장애형제는 절대 혼자가 아니에요!"

"맞아요. 비장애형제 곁에는 언제나 '나는'이 함께하니까요."

너나 할 것 없이 모두 확신에 찬 어조였다.

'나는' 괜찮지 않아도 괜찮아

글 | 태은, 진설, 미정, 소진, 해수, 서영
펴낸이 | 곽미순   책임편집 | 윤도경   디자인 | 김민서
펴낸곳 | (주)도서출판 한울림
편집 | 윤소라 이은파 박미화   디자인 | 김민서 이순영
마케팅 | 공태훈 윤도경   경영지원 | 김영석
출판 등록 | 2008년 2월 13일 (제2021-000316호)
주소 | 서울특별시 마포구 희우정로16길 21
대표전화 | 02-2635-1400   팩스 | 02-2635-1415
블로그 | blog.naver.com/hanulimkids
인스타그램 | www.instagram.com/hanulimkids

첫판 1쇄 펴낸날 | 2021년 10월 15일
  3쇄 펴낸날 | 2024년 7월 26일
ISBN 979-11-91973-02-0   (03330)

*한울림스페셜은 (주)도서출판 한울림의 장애 관련 도서 브랜드입니다.
*독자 여러분의 원고를 기다립니다. 책으로 엮기를 원하는 기획이나 원고가 있다면
이메일 hanulimpub@naver.com으로 간략한 개요와 내용을 연락처와 함께 보내주세요.

*잘못 만들어진 책은 바꾸어 드립니다.